华为人力资源管理

HUAWEI

黄志伟◎编著

古吴轩出版社
中国·苏州

图书在版编目（CIP）数据

华为人力资源管理 / 黄志伟编著. — 苏州：古吴轩出版社，2017.3（2019.12重印）
ISBN 978-7-5546-0860-9

Ⅰ. ①华… Ⅱ. ①黄… Ⅲ. ①通信企业－企业管理－人力资源管理－经验－深圳 Ⅳ. ①F632.765.3

中国版本图书馆CIP数据核字（2017）第006888号

策　　划：花　火
责任编辑：蒋丽华
见习编辑：薛　芳
装帧设计：润和佳艺

书　　名：华为人力资源管理
编 著 者：黄志伟
出版发行：古吴轩出版社
地址：苏州市十梓街458号　　邮编：215006
Http：//www.guwuxuancbs.com　　E-mail：gwxcbs@126.com
电话：0512-65233679　　传真：0512-65220750
出 版 人：钱经纬
印　　刷：天宇万达印刷有限公司
开　　本：670×950　1/16
印　　张：16
版　　次：2017年3月第1版
印　　次：2019年12月第4次印刷
书　　号：ISBN 978-7-5546-0860-9
定　　价：45.00元

前言

PREFACE

资源是会枯竭的，唯有文化才会生生不息。一切工业产品都是人类智慧创造的。华为没有可以依存的自然资源，唯有在人的头脑中挖掘出大油田、大森林、大煤矿……

——任正非

华为技术有限公司（以下简称华为公司、华为）自1987年创立以来，从最初只有2.1万元人民币起家，发展到销售规模近4000亿人民币的世界500强企业，如今华为已经成长为世界通信设备产业的领导者。另外，华为终端也在不断侵蚀苹果、三星的市场，在国内市场份额成功挤掉苹果和三星，排名第一；华为手机全球销量仅次于苹果和三星，排名第三。

众多跨国对手把华为视作“东方幽灵”，为自己公司在业务上与华为没有交集而感到庆幸。短短29年，华为凭什么能在世界高科技领域后来居上？凭什么能将众多西方百年巨头纷纷斩落马下？当华为总裁任正非以70多岁的高龄，指挥着麾下近20万知识型人才大军征战世界时，你会深刻地体会到，技术很重要，资本很重要，但最重要、最具魅力的还是人力资源管理。

华为总裁任正非指出，华为如今正在突进无人区，踩不到各方利益集团的脚，就会和平崛起。将来华为人力资源政策都应支撑和平崛起这样一种方式。华为曾经斥巨资请国际咨询公司为华为打造人力资源管理体系，并坚持向西方学习先进的管理理念，企业文化与发展相融合，形成了如今华为独特的人力资源管理体系。华为的人力资源管理的密码是什么？华为的成功能够复制吗？

华为公司重视继承，这从1996年开始起草《华为公司基本法》就可以看出。追根溯源，华为人力资源管理战略的成功源自于它的核心竞争力，它的核心竞争力来自于它的核心价值观，也就是“以客户为中心，以奋斗者为本，长期艰苦奋斗”。华为的人力资源管理不是为了管理而管理，不是为了管理体系的完善，也不是为了单纯地管人，而是为组织的战略和变革服务。

华为强调，目前华为要用更好的人力资源政策来吸引全球人才，人力资源要成为支撑华为各项战略的最核心利器。本书分为价值篇、管理篇、人才篇三大板块，从华为人力资源管理的价值创造、价值分配、激活组织、人才管理、人才培养、人才使用等方面，通过理论与实践的结合，全面剖析华为人力资源管理体系特点，针对不同时期华为在人力资源管理方面的变革，了解华为人力资源管理之道。

目前，国内外众多企业都开始研究华为，美国易安信公司（EMC）曾经专门搜集华为的资料，邀请哈佛、剑桥的教授来研究，但一直没搞懂。这也体现出中国人与西方人在人力资源管理思想上的差异，而我国许多民营企业，也不善于总结属于自己的人力资源管理经验。

本书编者围绕着《华为公司基本法》，查阅了大量资料，力图通过通俗易懂的语言，为读者深入浅出地分析了华为人力资源管理的精髓，并结合国内企业人力资源管理现状及出现的问题，为读者呈现华为在人力资源管理上的艺术与智慧。鉴于编者水平有限，书中难免有疏漏或谬误之处，敬请广大读者批评指正。

目录
CONTENTS

价值篇

关于华为围绕价值展开的人力资源建设

企业价值由什么来创造?

华为总裁任正非认为，资源会枯竭，唯有文化能够生生不息，

任何产品都是由人的智慧创造的。

任正非说，华为没有可依存的自然资源，

唯有在人的头脑中挖掘出大油田、大森林、大煤矿……

企业真正的潜在价值是人力资源。

任正非是这样说的，他也是这样带领华为做的，华为的人力资源建设，

也正是围绕着价值逐步展开的。

与动不动就把口号喊得“叮当”响，恨不得明天就是世界第一的创业者相比，

任正非的道理实在是太过朴素。

一批批口号喊得震天响的企业倒下了，而任正非却用这朴素的思想，

缔造了一个伟大企业，缔造了一个中国民营企业的奇迹。

第一章

华为人力资源建设的价值导向

什么是价值？华为的价值观是什么？华为长期信奉“以客户为中心”的企业核心价值观，华为的人力资源建设与变革，也是以企业核心价值为导向进行的。就像任正非说的那样，让客户满意是生存的基础，让股东满意是投资的目的，让员工满意才是公司能够持续发展的推动力。

“分赃”分得好，员工才有动力

任正非说 华为员工爱加班，是因为“分赃”分得好。

现在许多企业都抱怨人力资源管理不好做，员工工作动力不足，工作积极性不高。造成这种情况的原因很多，从员工角度来说，主要原因是认识不到自己职位的重要性，认为自己拿这么点工资，没有必要那么卖力。从企业角度来说，公司薪酬结构不合理，也是造成这种情况的主要原因之一。

企业薪酬结构不合理，就会造成员工之间心理不平衡，进而导致工作积极性降低，甚至离职。合理的薪酬结构的最大作用就是培养员工积极工作的意识，也就是培养员工“我要干”而不是“公司要我干”的意识，借此把员工的主观能动性最大限度地调动起来。

是不是只要高薪就能留住人才，让员工的“小宇宙”爆发呢？许多公司开出天价工资也无法留住人才的例子比比皆是。因此，科学合理的薪酬制度并不意味着就是不断加薪，企业根据自身实际情况，对薪酬结构有一个清晰、准确的把握，既能让员工获取较高收入，又能体现出员工的自身价值，这样才能充分激发员工工作的积极性，增加员工对企业的归属感。

企业发展到了一定规模，怎样从企业家驱动转向制度驱动、人才驱动，怎样建立组织理性，淡化个性权威，等等，都是企业家要面对的重大挑战。“华为员工爱加班，是因为‘分赃’分得好”，在华为人力资源管理战略的问题上，华为总裁任正非一句话道出了华为人力资源管理的精髓，这也非常符合华为一直坚持的企业“土狼文化”。

俗话说“狼行千里吃肉”，对于一个企业而言，肉从哪里来？自然是由狼王率领的团队通过厮杀拼回来的。然而，目前国内绝大多数民营企业，肉都归狼王享有，团队中的其他成员，只享受极少一部分。这种模式下，员工的动力也就剩下满足自身生存而不得不工作这一点了。

任正非所说的“‘分赃’分得好”，指的也就是激励措施做得好，华为内部推行虚拟受限股，也就是任正非在企业内部推行的“工者有其股”激励机制，公司近99%的股份由员工持股委员会代持，身为总裁的任正非，仅持1.4%左右的股份。华为的这种激励机制，让员工与企业形成了一个有机的命运共同体，让员工与企业共同奋斗，共同受惠。例如，根据华为2010年业绩，每股分红2.98元，假如一个老员工持50万股，那么年底分红就会拿到100多万元。

华为公司，一个突破性的观点就是认为劳动、知识、企业家和资本共同创造了企业的全部价值。华为公司为了建立它的价值分配体系，必须在理论上对价值创造的要素做新的确认。这种确认实际上突破了古典经济学价值创造的理论，突破了我们所谓一般意义上的劳动创造价值的理论，那么，这个突破就为它的价值分配系统的设计奠定了基础。

——引自《抓住机遇，调整机制，迎接挑战》

华为近99%的股份掌握在员工手里，由员工选出的代表进入董事会，掌控企业方向，可以说员工成为企业的真正主人，这也是华为一直保持强劲“战斗力”的原因所在。不过，话说回来，企业老板及管理层都清楚，这个“分赃”可是个技术活，而且非常不好分。

深入解读分析的话，任正非所说的“分赃”包含着价值创造、价值评价、价值分配三个核心点，这三个核心点也正是华为人力资源建设的中心。简单来说，华为的“分赃”过程就是，首先把人与职位区分开，其次对职位进行评价，再对人进行评价，然后将合适的人放在合适的岗位上，最后根据工作业绩再进行评价，也就是绩效评价。

效率优先，兼顾公平，可持续发展，是我们价值分配的基本原则。按劳分配的依据是：能力、责任、贡献和工作态度。按劳分配要充分拉开差距，分配曲线要保持连续和不出现拐点。股权分配的依据是：可持续性贡献、突出才能、品德和所承担的风险。股权分配要向核心层和中坚层倾斜，股权结构要保持动态合理性。按劳分配与按资分配的比例要适当，分配数量和分配比例的增减应以公司的可持续发展为原则。

——引自《华为公司基本法》

拓展解析

价值导向是企业人力资源建设的核心，科学合理的价值分配是使员工懂得珍惜自己工作岗位、保持工作动力、对企业产生归属感的基础，这对企业人力资源建设及管理十分重要。对于不同企业类型、不同企业管理者而言，华为的人力资源管理模式虽然不能完全照搬，但却具有极高的借鉴价值。

科学合理的价值分配，必然会给员工带来较高的满意度，进而建立较高的忠诚度，这不仅会降低员工离职率，还会大大增加员工的工作效率。目前，核心员工流失是让许多企业都十分头痛的问题，究其原因无非有两个，其一是薪酬问题，其二就是员工在企业内无法实现自身价值。

反观华为公司，虽然基层员工离职率较高，但老员工及核心成员的流失率，相对于各大企业而言，反而是最低的，而这也归功于华为在价值分配方面所建立的一套完善的绩效评价体系。说到底，依然是任正非所说的“分赃”，谈到“分赃”又无法回避另一个词，那就是公平。

公平是企业通过薪酬制度实现满足与激励员工目的的重要因素之一，对于通过劳动而获得薪酬的员工而言，不能让他们相信付出和薪酬是相适应的，人力资源管理就会出现问题，员工对薪酬制度的信任度就会下降，工作积极性和主动性也就会大打折扣。因此，企业在人力资源管理方面，首先要在薪酬的公平上下功夫，但世上没有绝对的公平，怎样让企业薪酬实现相对公平，则是企业人力资源管理中亟待解决的问题。

活下去是企业人力资源建设的唯一目的

任正非说 华为的目的十分明确，是使自己具有竞争力，能赢得客户的信任，在市场上存活下来。要为客户服好务，就要选拔优秀的员工，而且这些优秀的员工必须要奋斗。要使奋斗能够持续发展，必须使奋斗者得到合理的回报，并保持长期的健康。

员工疲劳症、腐败、山头主义是随着企业不断发展壮大，必然会出现的问题，也是所有企业都会面临的难题。新员工入职后，保持阶段性激情和活力是容易做到的，一个团队保持3～5年的激情与活力，也是能够做到的，但如何使员工长久保持激情和活力，则是世界上任何企业都要面对的问题。

招募新员工为企业增加活力，注入新鲜血液是企业常用的手段，但归根结底，想要标本兼治，还要回归到人力资源建设这个企业生存和发展的基础上来。就像华为总裁任正非所说的那样，懒，是会传染的。

企业发展到一定规模，山头、派别几乎是普遍存在的，华为也无可避免。华为总裁任正非在《一江春水向东流》中写道："华为当时山头林立，主义盛行，真不知道该朝哪儿走。很多组织，包括很多企业，当大家一起共患难时，上下一心，有高度的凝聚力；但是当它稍稍有一点基础，有一些财富的时候，英雄们的那种英雄情结所衍生的欲望、野心和利益集团之间的那种贪婪的诉求，常常把这个组织撕裂，把这个组织的团队精神、凝聚力扭曲。"

腐败是人类与生俱来的问题，社会组织有、国内有、国外有，尤其是企业这种一个以财富增长为核心目标的功利性组织，更无法幸免。既然无法避免，敢于正视它，并行之有效地解决它，才是企业发展的治本良策。

为了应对这些问题，保持企业健康的发展，华为在人力资源管理方面一直坚持自我批判，经常提出整改要求，将影响企业健康发展的"毒素"及时清除掉，让企业能够持续生存。华为的唯一使命就是活下去，这也正是任正非所坚持的人力资源管理哲学。

华为没有任何可依赖的外部资源，唯有靠全体员工勤奋努力与持续艰苦奋斗，不断清除影响内部保持活力和创新机制的东西，才能在激烈的国际化竞争中存活下去。历史和现实都告诉我们，全球市场竞争实质上就是和平时期的战争，在激烈竞争中任何企业都不可能常胜，行业变迁也常常是翻云覆雨，多少世界级公司为了活下去不得不忍痛裁员，有些已中途消失在历史风雨中。

前路茫茫充满变数，非常不确定，公司没法保证自己能长期生存下去，因此不可能承诺保证员工一辈子，也不可能容忍懒人，因为这样就是对奋斗者、贡献者的不公平，这样对奋斗者和贡献者就不是激励而是抑制。幸福不会从天降，只能靠劳动来创造，唯有艰苦奋斗才可能让我们的未来有希望，除此之外，别无他途。从来就没有什么救世主，也不靠神仙、皇帝，要创造幸福的生活，全靠我们自己。

——引自《关于近期公司人力资源变革的情况通告》(2007)

我国《劳动合同法》于2007年6月第十届全国人民代表大会常务委员会第二十八次会议上正式通过。华为为了应对无固定期限劳动合同，采取了让员工自愿辞职的应对方式，华为的这次举动引起了各界强烈的反响。尽管劳动部门认定此事华为公司并没有违法之处，但华为仍然遭到各界的口诛笔伐，一时间华为所承受的压力剧增。

当时，华为对无固定期限劳动合同理解有误，认为无固定期限劳动合同等同于铁饭碗，而员工对此也产生了误解，认为只要干上几年，公司就会管自己一辈子。也正是通过这件事，华为提出了绝不保证员工一辈子的承诺，华为不容忍懒人，幸福不会从天而降，只有靠自己奋斗，只能靠劳动来创造。而这，也给华为的所有员工打了一针“清醒剂”。

被誉为现代管理学之父的彼得·德鲁克曾说过：“活着，是企业的首要责任。”他指出，企业人力资源管理的目的，就是让平凡的人做出不平凡的事。华为公司总裁任正非先生便深谙其道，他深知企业活下去才是硬道理，并将这种理念在华为人力资源管理的过程中落地。

我们的近邻日本，长寿企业非常多，超过百年历史的企业有2万多家，3000多家企业发展史超过200年。日本石川县法师温泉旅馆，始建于公元718年，至今已有1298年的历史。再看近年来我国那些动不动就将做大、做强挂在嘴边的企业，大多都是雷声大雨点小，出现与灭亡不过昙花一现而已。反观以活着为目标、一贯低调的华为公司，却逐步成长为极具影响力的世界500强企业之一。

拓展解析·

国内曾经辉煌一时的巨人集团、飞龙集团、亚细亚集团、秦池集团，等等，如今都已销声匿迹。为什么有的企业会昙花一现，有的企业会中途陨落，而有些企业却能历经坎坷后，仍生生不息？这也是摆在那些已经获得一定成功的企业面前的重要课题，华为将活下去作为企业发展的最低纲领，也正显现出了华为人对失败的敬畏之心。

企业活下去，确实不容易，尤其是华为这么大的企业，全球约17万的员工需要管理，内外部环境的变化，随时都有可能给企业致命一击。2000年，华为副总李一男离开华为，带走了大批优秀人才，创办了港湾网络，之后很多人效仿李一男离开华为，走向创业。面对这种情况，华为提出了“企业必须不断改进和提高才能生存下去”。多年来，华为的危机意识、忧患意识让华为一直保持着坚定的前进步伐。

因此，企业在人力资源建设和管理方面，不要着眼于短时间内变强、做大，而是应该以企业持续活下去为己任，这样才能提高企业在面对各种环境变化时的适应力与生存能力，企业才会更安全、健康地发展，才更具生命力。

围绕企业核心价值观构建人力资源体系

任正非说：不能叫“雷锋”吃亏，以物质文明巩固精神文明，以精神文明促进物质文明来形成千百个“雷锋”成长，且源远流长。

华为人力资源管理模式中，没有学历、资历的地位，甚至素质和能力都算不上最重要的。绩效贡献和结果是企业选人的重要评判标准，干部选拔更是看重经历艰苦式磨难，具有团队号召力的人才。从企业核心价值观出发，推动人力资源管理变革，并最终形成一套自己的任人选才模式是华为公司最大的成功。

人力资源管理兴起于20世纪80年代初期的美国，到了20世纪90年代中期开始，我国人力资源管理在实践中的运用才逐渐进入探索阶段，并开始应用到企业及政府人事管理工作中。

人力资源管理指的是在经济学与人本思想指导下，通过招聘、甄选、培训、报酬等一系列管理形式，对组织内外相关人力资源进行有效运用，满足组织当前及未来发展需要，保证组织目标实现与成员发展最大化的一系列活动的总称。通常，学术界将人力资源管理分成以下6大模块：

1. 人力资源规划；

2. 招聘与配置；

3. 培训与开发；

4. 绩效管理；

5. 薪酬福利管理；

6. 劳动关系管理。

深入理解人力资源管理核心思想，抓住人力资源管理的本质，企业管理者才能从中领悟企业的经营之道、用人之道、生存之道。许多企业虽然建立起了人力资源管理体系，但实际效果并不好，或者无法发挥出人力资源管理的优势。华为人力资源管理体系所带来的启示就是，企业人力资源管理体系必须围绕企业核心价值观进行构建。

华为公司核心价值观，总结起来主要有以下3点：

1. 以客户为中心。华为非常注重客户的感受。至于竞争对手，华为从未将其列为公司的核心内容。华为认为，将竞争对手作为工作中心，你就永远跟在别人后面，模仿别人，很难超越别人，而且自身还解决不了根本问题。将客户当作企业生存下去的核心，并以此为基础构建的人力资源管理系统，必然会培养出一批注重客户的员工，推动企业的整体发展。

2. 以奋斗者为本。华为人力资源管理中的考核体系、评价体系、分配体系中，怎样让奋斗者得到应得的回报，甚至比他们想象得还多，是华为人力资源管理体系的直观体现。通俗来说，就是奋斗者期望的报酬是1万，而公司付给他2万。而这也是在华为工作压力这么大，许多人才还愿意削尖脑袋往华为钻的主要原因。用华为总裁任正非的话说，就是不能让“雷锋”吃亏。

3. 敢于自我批判。自我批判对于企业中、高层管理人员来说，是一件很难做到的事情，有了钱就不愿意再艰苦奋斗了也是人类的通病，或者说是人类的惰性所在。而华为却让管理层的自我批判成为常态，建立了干部能上能下机制。1996年，时任华为市场体系总负责人的孙亚芳率领自己的团队主动辞职，重新竞聘上岗。华为的这次市场部大辞职也被称作华为“再创业”运动，这也被华为人称为保持华为狼性的一次英雄壮举。

市场部集体大辞职，对构建公司今天和未来的影响是极其深刻和远大的。任何一个民族，任何一个组织只要没有新陈代谢，生命就会停止。如果我们顾全每位功臣的历史，那么就会葬送公司的前途。如果没有市场部集体大辞职所带来对华为公司文化的影响，任何先进的管理，先进的体系在华为都无法生根。

——引自《任正非华为“集体辞职”4周年纪念讲话》(2000年)

华为市场部集体大辞职，也标志着华为人力资源管理体系正规化建设的开始，也就是说，华为从“游击队”开始逐渐蜕变成“正规军”，华为的人力资源管理体系，也真正围绕着企业的核心价值观开始构建。

机会、人才、技术和产品是公司成长的主要牵引力。这四种力量之间存在着相互作用。机会牵引人才，人才牵引技术，技术牵引产品，产品牵引更多更大的机会。加大这四种力量的牵引力度，促进它们之间的良性循环，就会加快公司的成长。

——引自《华为公司基本法》

拓展解析·

企业在如何将传统价值观改造成共享型价值观方面，华为公司的人力资源管理体系是一个非常经典的例子。华为公司创始人、总裁任正非用利他主义价值观要求自己，在生活上，不设专车，吃饭、看病一样排队，与员工付同样的费用；在公司控股方面，个人股份只占公司股份的1.4％左右，并没有像其他民营企业那样，一人独大，完全控股；在人力资源管理方面，努力打造华为共享型价值观，最直接的体现就是公司近99％的股份，掌握在员工手中。

目前，我国许多企业依然存在这种现象，那就是在员工离职的时候，不是百般刁难，就是找各种理由克扣薪酬。创业阶段海誓山盟，一朝反目，相视如仇的例子也比比皆是。而在华为，员工离职之时，会有专门的人员为其办理离职手续，包括薪资结算及股份分红，许多曾经在华为工作的员工谈及离开华为时的情景，都在接过钱的那一刹那表示有过后悔。

其中，最典型的莫过于前文提到的李一男离开华为创业的例子，华为不但没有刁难，反而李一男的创业资金及大量网络设备，全部来自华为，这为他创立港湾公司奠定了基础，大有“复制华为”之势，也成了业界的一段佳话。

因此，中国企业在很长一段时间内，以企业核心价值观为导向，建立起适合本企业文化的人力资源管理体系，才能保证企业所有成员在一段更长时间内，对企业核心价值观不离不弃的坚持，为企业长远的发展奠定基础。

“土狼文化”，华为价值创造的文化支撑

任正非说 企业发展就是要发展一批狼。狼有三大特性：一是敏锐的嗅觉，二是不屈不挠、奋不顾身的进攻精神，三是群体奋斗的意识。

通信制造业有这样一种比喻，跨国公司被比喻为狮子，跨国公司在中国的合资企业被比喻为豹子，而中国本土企业则被比喻为土狼。而坚持打造狼性团队的华为，无疑是中国土狼群中，最杰出的那一只，而且，华为这支土狼团队对成功的强烈渴望和面对挫折屡败屡战的执着和忍耐，以及不惜代价的集体作战方式，向世界上的狮子们宣布，华为是一个可怕的对手。

如果说华为人是一群战斗力非常强悍的狼，任正非就是一头充满了传奇色彩的狼王。任正非所坚持的“土狼文化”，造就了华为一支高素质的战斗团队，“胜则举杯相庆，败则拼死相救”，团结起来，战无不胜，攻无不克。

敏锐的嗅觉，不屈不挠、奋不顾身的进取精神，集体合作与团体奋斗意识，这些是狼身上体现出来的主要特征。华为正是将这种狼性文化融入到了人力资源管理中，“贪”“残”“野”“暴”等狼性在华为团队文化中都得以体现。对工作、对事业要有“贪性”；对待困难要有“残性”，毫不留情地把困难消灭掉；对待事业开拓要有“野性”，要有不要命的拼搏精神；对待工作要有“暴性”，要粗暴地对待难关，绝不仁慈。

这种狼性文化已经逐渐渗透到华为人的血液中，融入华为人力资源管理的各个环节，团结协作、集体奋斗成为华为企业文化之魂。也就是说，在华为，成功是集体努力的结果，失败也是集体的责任，既不将成绩归功于个人，也不把失败视为个人责任，所有一切都由集体共同承担。

华为人力资源管理最显著的体现就是，华为高层与基层员工，除了工作和工资上的差异外，没有任何特权。例如，华为高层不设专车，食堂吃饭一样排队、付费。华为的人力资源管理，已经将人人平等、集体奋斗、个人利益必须服从集体利益、个人努力融入集体奋斗的文化融入到了员工的血液中。“胜则举杯同庆，败则拼死相救”的精神，在华为得到了淋漓尽致的体现。

而这些，正是许多企业在人力资源管理中所欠缺的，直白地说，就是企业的人力资源管理体系无法带给员工归属感。华为以文化为支撑的人力资源管理，在具体落地实施方面，带给员工的感受只有一个字，那就是“家”。而这，也是华为人力资源管理体系的精髓之一。

华为在人力资源管理的思想上，始终没有脱离中国传统文化。中国传统文化远胜于西方管理思想对华为的影响。例如：“利出一孔”。

华为在人力资源管理方面，还坚持为祖国昌盛、民族振兴、家庭幸福而努力奋斗的双重利益驱动原则。华为认为，没有为国家奉献的精神，就会变成自私自利的小人。在这个科技飞速发展的时代，只有坚持集体奋斗、不自私自利的人，才能结成一个团结的集体。同时，没有促成自己体面生活的物质欲望，没有用劳动来实现欲望的理想，就会因循守旧，故步自封，滋生懒惰。所以，华为提倡欲望驱动，用正派手段使群体形成蓬勃向上、励精图治的风尚。

自1996年初开始，华为开始起草《华为公司基本法》，总结公司成功管理经验，确定华为二次创业的观念、战略、方针及基本政策，为公司未来发展构建框架，按照国际标准进行人力资源改革与开发利用，强化内部管理，优化公司形象，建立起具有华为特色的企业文化。

资源是会枯竭的，唯有文化才会生生不息。一切工业产品都是人类智慧创造的。华为没有可以依存的自然资源，唯有在人的头脑中挖掘出大油田、大森林、大煤矿……精神是可以转化成物质的，物质文明有利于巩固精神文明。我们坚持以精神文明促进物质文明的方针。

这里的文化，不仅仅包含知识、技术、管理、情操……也包含了一切促进生产力发展的无形因素。

——引自《华为公司基本法》

华为认为，人力资源管理离不开企业文化，企业文化离不开民族文化与政治文化，华为将共产党最低纲领分解开来，用来约束企业高、中层管理人员，用高、中层管理人员的行为方式带动全体员工进步。华为将实现先辈繁荣梦想，民族振兴希望作为华为义不容辞的责任，使政治文化、经济文化、民族文化与华为企业文化融为一体。正因为此，华为的企业文化才能成为华为围绕价值展开的人力资源建设的文化支撑。

拓展解析

协调人与人之间的关系对于一个企业而言，也是一大难题。如果企业中人与人的关系是相互孤立的，企业就很难形成团结一致的合力，面对困难时也就无法群策群力地去面对。目前，在全球经济一体化的时代，我国企业在人力资源管理方面面临着各种挑战。

1．国际化人才管理。随着经济的快速发展，人才流动加剧，国际化人才管理也成为许多企业需要面对的问题，人力资源管理工作也变得更加复杂。

2．价值观多元化。如今，知识已经不是垄断品，社会成员学历普遍提高，年轻一代更喜欢有一定风险的自我成长方式，这种个人主义也导致了价值观的多元化，每个人的需求也千差万别，这对人力资源管理提出了更高的要求。

3．薪酬成本不断提高。随着社会环境及内部环境的变化，薪酬的成本也在不断提高，如何做到薪酬方面的公正与公平，也给人力资源管理带来了新的挑战。

华为公司同样面临着这些难题，为了适应经济全球化发展，华为实行了一系列人力资源管理改革，并取得了一定的成效，值得国内企业借鉴。总体来说，华为人力资源应对措施主要有以下几点：

1．以人为本。华为坚持以人为本的人性管理理念，人力资源管理必须在不违背公司整体利益的前提下，适应员工作为个体的某些个性特征，为管理者和被管理者提供更友好的接触面。

2．人才开发。注重员工能力的培养，培训留才，减少员工流失成本。

3．视野国际化。如今，国内市场与国外市场的边界越来越模糊，人才流动逐渐呈现出国际化态势，华为人力资源管理的重心也逐渐转向人才能力和素质的国际化。

围绕公司战略建立KPI指标

任正非说 他说他也没有犯错啊，没犯错就可以当干部吗？有些人没犯过一次错误，因为他一件事情都没做。而有些人在工作中犯了一些错误，但他管理的部门人均效益提升很大，我认为这种干部就要用。对既没犯过错误，又没有改进的干部可以就地免职。

华为在向世界级企业迈进的过程中，卓有成效的人力资源管理体系是华为不断前进的动力和保障。而KPI指标则是华为人力资源管理体系中的重要组成部分，也是华为人力资源建设的基石。

华为一直致力于创造高绩效的企业文化，将绩效企业文化视作企业生存之本，并围绕公司战略建立KPI指标，让公司目标使命化，与每位员工工作目标紧密结合在了一起。

我们现在制定的KPI指标要围绕公司的总目标来分解和贯彻，不能各部门孤立地去建立KPI指标。每个部门与产品的覆盖率、占有率、增长率都有一定的关系。在总目标引导下的管理与服务目标分解，才会起到综合治理的作用。就如长江防洪，不能沿江七省各搞各的一样。

——引自《不做昙花一现的英雄》

华为人力资源的绩效考核实行强制分布原则，这也是目前许多企业优化内部人力资源构架的通用做法。考核按照员工比例进行固定分配，分为A、B、C、D四个档次，A档次约占员工总数的5%，B档次约占员工总数的45%，C档次约占员工总数的45%，D档次约占员工总数的5%。其中，D档被视为“待查”。

华为绩效强制分布与其他企业不同的是，华为对绩效考核的理解不是将其当成一种增压、奖惩的依据，而是从企业人力资源管理及企业发展角度思考，发展公司内部竞争的同时，追求人才优胜劣汰的合理性。

在华为公司，三级主管以下每季度进行一次绩效考核，中、高层管理人员则半年述职一次，在绩效考核的同时设定下一步的工作目标，考核的目的也不是为了裁员，而是通过绩效考核把员工放在更加合适的位置，保证每个人都能实现自己的绩效目标，进而完成公司的总体战略目标。

华为对于那些绩效考核后不胜任工作的员工安排培训，促使其业绩改进或岗位调整，只有在下岗培训或换岗后仍不胜任的员工，才考虑将其淘汰。华为的人力资源绩效管理，真正从公司整体战略出发，通过以责任、员工能力、贡献为核心的KPI标准及相应评价手段和价值分配机制，将公司战略目标与员工个人需求和利益捆绑在一起，进而将公司战略目标内化为员工个人使命和责任。

另外，华为还注重员工思想道德品质的考核，对员工诚信进行记录，主要包括员工责任心、使命感、团队精神、工作能力等思想道德品质的评议，并且全面推行团队测评体系，员工不仅要关注个人绩效，还要重视团队绩效。

高素质是创造高绩效的前提和保证。光有素质，没有绩效，就会造成部门的虚假繁荣；光有好的绩效，没有优秀的素质，就无法形成一个优秀的团队。总体来说，华为围绕公司战略建立KPI指标，让每一个认同华为核心价值观的员工，都能找到适合自己的岗位和发展通道，这一点，也是我国各大企业应该借鉴和学习的地方。

拓展解析

华为人力资源绩效管理做得好，不仅是因为华为从绩效计划、绩效实施与管理、绩效评估及绩效反馈形成了一套良性循环系统，还在于华为在人力资源开发管理中，将绩效管理与企业职位体系、任职资格体系、人员选拔及培养体系、薪酬管理体系等紧密联系在一起，各个模块形成了相互呼应、相互作用的整体。

华为的任职要求与任职资格标准，都要充分体现在绩效管理中，包括品德、素质及责任等情况。新干部任命也要进行全方位考察，也就是在主管、下属及周边同事全面评价的基础上，考察干部的任职情况，同时还要进行任前公示，让干部处于员工监督之下。每次任命都要进行半个月的公示期，在这段时间内，全体员工都可以提意见。

华为人力资源绩效管理模式，为国内民营企业提供了许多参考，其独特的人力资源管理模式，也为现代企业发展呈现出更多视角。正是因为华为这种高效的绩效管理模式，让华为不断地创造奇迹。

虽然华为的许多独特的管理模式、加班模式、高薪模式等理念，并不被所有管理者所认同，虽然华为行为模式不能被所有人理解，但它的成功，却是实实在在的。这对于管理者来说，才是真正应该思考和学习的。回归本质，华为的人力资源管理体系俨然已经形成了一个密切关联的体系，KPI指标不过是华为围绕公司战略搭建人力资源体系的重要一环而已。

第二章

华为薪酬与经济性激励政策

高薪几乎成了华为的代名词，实际上，华为的薪酬体系是建立在以经济性激励政策基础上的一系列激励政策的主要体现。华为注重效果，强调贡献，只有有贡献才能有回报，有贡献也必定有回报。同时，华为还非常重视企业文化的建设，薪酬策略也向认同公司核心价值观的奋斗者倾斜。正因为如此，华为的一系列激励性政策才得以卓有成效。

利益分享，华为内部虚拟股票机制

任正非说 希腊大力神的母亲是大地，他只要一靠在大地上就力大无穷。我们的大地就是众人和制度。

任何企业都会面对人才流失的问题，也会有新鲜血液的补充，怎样将公司培养出来的优秀员工留在企业之中呢？这也是困扰我国许多企业领导者的难题。华为员工长期以来都保持着像狼一样的战斗素养。那么，华为是怎样调动员工积极性的？华为公司创始人任正非在组建公司时，设计了员工持股机制，任正非坚持将分享利益、分担责任始终贯彻在华为的人力资源建设之中，也正因为如此，才成就了华为的大事业。

1976年10月，中央一举粉碎了“四人帮”，使我们得到了翻身解放。我一下子成了奖励“暴发户”。“文革”中，无论我如何努力，一切立功、受奖的机会均与我无缘。在我领导的集体中，战士们立三等功、二等功、集体二等功，几乎每年都大批涌出，而唯我这个领导者，从未受过嘉奖。我也从未有心中的不平，我已习惯了我们不应得奖的平静生活，这也是我今天不争荣誉的心理素质培养。粉碎“四人帮”以后，生活翻了个儿，因为我两次填补过国家空白，又有技术发明创造，合乎那时的时代需要，突然一下子“标兵、功臣……”部队与地方的奖励排山倒海式地压过来，我这人也热不起来，许多奖品都是别人去代领回来的，我又分给了大家。

——引自《我的父亲母亲》

人人股份制在华为的崛起过程中，起着不可估量的作用。在华为的虚拟股份机制中，任正非所持公司股份只有1.4%左右，其余近99%的股份都由员工持股会代表员工持有。员工离职，手中持有多少股份，公司就会支付多少现金，即便是几千万，华为也不会拖欠一分钱。但是，离开华为后，就不能继续持有华为股份。

华为的这种虚拟股票机制，世界上任何一家公司都是没有的，即便“人人是股东”的沃尔玛也做不到这种程度。而这，正如任正非所说：“希腊大力神的母亲是大地，他只要一靠在大地上就力大无穷。我们的大地就是众人和制度。”

虚拟股票模式最先在美国玛丽凯公司被设计使用，是公司授予激励对象的一种虚拟股票，激励对象可以此享受公司分红及股价升值收益，目前也是各国普遍应用的一种股权激励方式。例如，完成公司业绩目标，公司授予员工一定数量的虚拟股票。

虚拟股票享有者可以享受公司分红，但没有所有权和表决权，也不能将其转让和出售，离开公司时，也会自动失效。虚拟股票通过让持有者分享企业剩余索取权，从而达到激励员工及员工长期收益与企业效益挂钩的目的。

虚拟股票机制的一些特性和操作方法与股票期权很相似，虽然两种方式很接近，但虚拟股票并不等于股票期权，相对于股票期权而言，虚拟股票并不是实质上认购了公司的股票。从本质上来说，虚拟股票是获取企业未来分红的凭证或权利。

华为的成功，也极大地推动了这种激励模式在国内民营企业人力资源管理中的应用。华为总裁任正非说，当初华为设计这个制度时，主要是受到了父母不自私、节俭、忍耐与慈爱的影响，华为的股份也只配给现在还在为华为奋斗的人。

父母的不自私，那时的处境可以明鉴。我那时14～15岁，是老大，其他一个比一个小，而且不懂事。他们完全可以偷偷地多吃一口粮食，可他们谁也没有这么做。爸爸有时还有机会参加会议，适当改善一下生活。而妈妈那么卑微，不仅要同别的人一样工作，而且还要负担七个孩子的培养、生活。煮饭、洗衣、修煤灶……什么都干，消耗这么大，自己却从不多吃一口。我们家当时是每餐实行严格分饭制，控制所有人欲望的配给制，保证人人都能活下来。不是这样，总会有一个、两个弟妹活不到今天。我真正能理解活下去这句话的含义。

——引自《我的父亲母亲》

华为人力资源管理几经改革和创新，虚拟股票机制也逐步趋于成熟与完善，华为员工持股基本情况为：30%优秀员工集体控股，40%员工按比例持股，剩余由新员工和低级员工适当参股。华为的虚拟股票机制，充分体现了知识的价值，也兼顾了各方利益，结成员工与公司利益的命运共同体。

拓展解析

虚拟股份机制在激励员工的工作积极性方面，效果是十分明显的，能为公司和员工都带来实际利益。但如果操作不当，很容易出现权益纷争；分红不当，严重时还会导致公司人力资源解体。另外，虚拟股份机制要想在企业中真正实行下去，推动企业的发展，就要求企业必须有强大的资金支撑。

目前，国内许多民营企业都面临着资金周转困难的难题，推行虚拟股份制是解决公司困境的好办法。但是，毕竟持有虚拟股票的人没有管理权，没有经营权，也不能外卖，能否拿到分红需要看老板的诚信度，因此虚拟股票机制有利有弊。

华为之所以在虚拟股票激励机制上取得成功，就是因为"诚信"二字。员工个人所得与公司收益完全挂钩，公司效益越好，盈利越多，自己所得分红也越多，这也是华为保持员工狼性的重要所在。

华为总裁任正非表示，目前华为人力资源管理成本相比国际先进企业依然过高，华为人力资源管理优化与改革，仍然在探索中前进。华为虚拟股票制度一度遭到部分学者的质疑，但从华为的发展历程来看，虚拟股票激励机制为华为企业文化建设和快速崛起做出了巨大贡献。但是，华为能够取得今日成绩，也绝不仅仅是高薪带来的。

华为内部虚拟股票制度带给我们的启示是，重视员工利益，实行公平激励制度，以人为本，做好人力资源管理的优化，是民营企业需要重视和解决的难题。毕竟人才是这个世界文明的缔造者，才是企业生存、发展及提高生产效率的基础。

留人用人，华为公司薪酬体系战略

任正非说 能提大建议的人已不是一般的员工了，也不用奖励，一般员工提大建议，我们不提倡，因为每个员工要做好本职工作。我们鼓励员工做小改进，将每个缺憾都弥补起来，公司也就有了进步。所以我们提出小改进、大奖励的制度，就是提倡大家做实。

华为员工的高薪酬在业界极负盛名，通过利益分享来团结员工，将员工个人利益与公司利益紧密结合在一起。尽管华为也有大量人员流动，工作压力之大也人尽皆知，但是华为的核心人才却始终如一，而且一直保持着强劲的战斗力，而这与华为的薪酬体系不无关系。

首先，让我们来简单了解一下华为公司薪酬体系战略的几个发展阶段，看一看华为薪酬体系是怎样建立并发展起来的。

第一个阶段：1988～1996年。此时，华为处于创业初期，非经济性薪酬处于主导地位，公司实行的是内部成长战略，内部资源贫乏，外部环境恶劣，企业发展受到人力、财力、物力的限制，通信人才的急需与无法支付竞争性薪酬也是当时的主要矛盾，这个阶段华为的薪酬和福利都低于市场平均水平。

但是，当时创业的冲动和对成功的憧憬，却吸引了一批优秀人才来到华为，此时华为薪酬激励主要是靠支付员工非经济性薪酬，如只要干出业绩，刚毕业两年的大学生也可以管理一个五六十人的部门。当时，华为出现了19岁的高级工程师，7天成为高级工程师的飞速提升以及虚拟股权激励制度。2002年以前，华为员工年终奖发放的不是现金而是股权。

第二个阶段：1997～2002年。华为在这个时期处于高速发展阶段，1997年以后，华为开始多元化经营，对优秀人才的需求巨大，此时的华为主要采用“压力+补助+加班费+奖金”的方式，每个薪酬要素又有自己的特色，基本结构大致为“基本工资+股票+福利”。

此阶段的华为薪酬体系中，包括了基础薪酬、岗位薪酬、学历薪酬、职务薪酬、技能薪酬，等等。如2000年华为应届本科生起薪4000元，硕士生起薪5000元，社会招聘进入公司的员工，3个月左右加一次薪，加薪幅度200～3000元不等。当时，华为的薪酬水平已经比深圳一般公司高出了15%～20%，高薪酬作为企业第一推动力开始将华为推上高速发展的轨道。

我们要培养商人，不是培养教授，不要搞学术论文。我们的价值评价体系要调整，涨不涨工资要看你是否为公司创造利润，而不是看你的学术论文有多好。

——引自《任正非在华为通信工作会议上的讲话纪要》（1997）

此阶段华为全员持股也逐渐转变为虚拟受限股，从“普惠”走向“重点激励”，华为福利机制不以身份和资历来分配，而是按贡献大小作为利益分配的标准，这也烙上了华为独有的标签。华为人力资源管理将其视为动态分配机制的体现，将奖金发放视为一种艺术，各项补助、加班费都体现出“人本管理”的思想。

第三个阶段：2005年至今。2005年，华为高层进行了多轮激烈讨论，最终决定干部选拔以绩效为准，绩效在前25%的才看关键行为过程，没有进入前25%的，不在提拔之列。这样，华为就从制度层面杜绝了通过拉关系、走后门晋升。2006年，华为进一步推行了薪酬改革，华为薪酬制度开始实行按责任、绩效、贡献付酬，而不是按资历付酬。具有奋斗精神、勇于承担责任、冲锋在前并做出贡献的员工是此次薪酬改革的受益者，安于现状的老员工会被公司从岗位上调整下来。

总体来说，高薪酬必然会带来高满意度及忠诚度，伴随而来的便是低离职率。如果企业薪酬缺乏市场竞争力，就会造成企业核心员工流失，进而陷入企业不断招聘新员工以满足企业运营，而老员工不断离职的恶性循环。这对企业而言是致命的巨大浪费，华为的薪酬制度改革与发展给企业带来的启示就是，薪酬制度的公平性与竞争力是相对的，需要根据企业所处的发展阶段和经济承受能力来决定。

拓展解析

薪酬设计是人力资源管理建设的重要一环，企业在薪酬设计方面，必须同时考虑外部环境与内部的公平性，而且薪酬体系必须与企业发展战略相匹配。从华为人力资源建设方面可以看到，华为在创业初期，由于受到资源的硬性约束，企业只能通过整合和利用自身所拥有的资源来强化组织优势，也就是实行内部成长战略。

即便当时华为在创业初期，薪酬低于市场平均水准，华为通过与员工共担风险，体验创业和开发新市场的激情，分享企业未来的成功这些非货币性的激励政策，形成了华为早期薪酬战略。在进入高速发展阶段后，华为开始改变策略，一直采用有竞争性的薪酬模式，吸引大量人才，这种薪酬战略推动了华为的高速成长。

随后，华为开始实行绩效评价体系，1996年，华为从英国引进任职评价体系，又请美国HAY公司作薪酬顾问，并在此基础上进行了新一轮的薪酬设计，从而解决了内部公平性问题，使华为的薪酬体系实现了内部公平与外部竞争的统一。

华为不断变革的薪酬战略，也恰恰说明了薪酬制度随组织内部条件和外部环境变化而改变的重要性。以工作为导向，注重组织短期利益及内部资源开发利用，将薪酬视为成本中心的传统薪酬策略，越来越无法适应现代企业发展的需要。当前，企业薪酬战略必须要与企业战略紧密结合在一起，才能取得人才竞争优势，为企业源源不断地提供有竞争性、高绩效的人力资源，而这才是企业实现战略目标的强大保证。

不同企业都有自身不同特色，切忌在模仿中迷失了自己。企业在进行战略薪酬设计时，要根据自身发发展战略、经营战略、发展阶段、企业文化等因素，设计出与企业自身相匹配的薪酬模式，只有这样才能让薪酬战略保持有利的竞争地位，让人才为企业创造出更大的价值。

“利出一孔”，不为无效辛苦劳动埋单

任正非说 像美人一样的水，一旦在高压下从一个小孔中喷出来，就可以用于切割钢板。可见力出一孔，其威力之大。十五万人的能量如果在一个单孔里去努力，大家的利益都在这个单孔里去获取。如果华为能坚持“力出一孔，利出一孔”，下一个倒下的就不会是华为。

“利出一孔”出自《管子·国蓄》。“利出于一孔者，其国无敌；出二孔者，其兵不诎；出三孔者，不可以举兵；出四孔者，其国必亡。”商鞅在《商君书》中提出“利出一孔”的思想，将秦国整个国家打造成了“农战”体制，全民为兵，最终横扫六国，实现了统一。

华为大力提倡“利出一孔”的激励机制与企业文化，在人力资源管理方面秉行严谨的奖惩制度，保证了从高层到基层的收入来源，只能是工资、奖励和分红，从组织上、制度上堵住了人谋私利的行为，进而也保证了华为的堡垒不会从内部被攻破。

“利出一孔”思想在华为人力资源管理中的运用，实际上体现为以利益引导员工遵循统一的规范，向着同一个大目标努力，只要向公司战略上的“一孔”努力，就会有回报，倘若违背这“一孔”原则，就会被淘汰。“利出一孔”原则让华为得以更快、更好地实现企业目标，人力资源管理也得到更好的优化。

华为加班文化及奋斗文化多被人诟病，然而，华为却是中国最早将人才作为核心资产运营的企业，华为的人力资源管理也是推动华为二十多年来保持高速、持续发展的原动力。驱动员工保持利益一致、目标一致、力量一致，紧紧团结在一起奋斗，做到“力出一孔，利出一孔”，无不体现着华为人力资源管理的智慧。

从根源上解决问题，不为无效的辛苦劳动买单，是华为人力资源管理最大的特点。华为从组建初期开始，就提倡干部严格自律，勇于自我批判。随着公司的快速发展，华为建立了奖励分明的激励体系，并将其列入公司人力资源管理制度，即便是高层也不例外。

华为最高管理层，创立了轮值CEO制度，每人轮值半年，避免了将公司成败系于一人，也避免了“一朝天子一朝臣”。对于员工而言，华为强调人力资本不断增值的目标优于财务资本增值目标，努力为员工提供发展机会，为员工提供大量培训、实践和学习的机会，员工不被看成是雇员，而是公司的主人，与公司一起成长发展，员工在企业内享有建议权、质疑权以及获得帮助等一系列权力，员工更容易获得成长的机会。

我们把煤炭洗地白白的，但客户没产生价值，再辛苦也不叫奋斗。2小时可以干完的活，为什么要加班加点拖到14个小时来干？不仅没有为客户产生价值，还增加了照明成本，还吃了夜宵，这些钱都是客户出的，却没有为客户产生价值。

——引自《任正非与肯尼亚代表处员工座谈纪要》(2008)

华为的成功之路同样是在巨大的风险中前行。一个没有任何背景的民营企业，仅靠微弱资金承担巨大的开发投入，吸引和留住优秀人才，华为的人力资源管理建设功不可没，可以说华为缔造了中国民营企业的一个奇迹。当然，华为的成功不是偶然的，是许多因素综合作用的结果，但华为的人力资源建设方式及管理方法，对于正在发展中的民营企业而言，具有极高的借鉴价值。

拓展解析

管仲相齐，应用“利出一孔”原则，让齐桓公九合诸侯，一匡天下；商鞅变法，应用“利出一孔”原则，目标定于富强，策略定为“农战”，最终统一华夏。

“利出一孔”只是一种管理原则，或者说一种管理思想，必然会有各种不同的应用方法，用于不同目的，自然也就会有应用水平高低之分。华为用这一原则能团结17万员工为了一个目标奋进，你用这个原则，可能连几十人的团队都管理不好。因此，企业在人力资源建设方面，无论用哪种管理原则，都要明白只有合适的，才是最好的。

华为“利出一孔”的人力资源管理，简单来说，就是用利益引导员工遵循统一规范，分享利益、分担风险作为行为动力诱导，达到员工遵循公司制度，坚持正当获利渠道，向着利于公司、利于自己的方向行为，并最终实现公司发展、个人富裕的最终目标。薪酬战略与激励政策是华为“利出一孔”原则应用上的重要体现，华为凭着这种以奋斗者为本的激励机制，建立起了企业与个人的利益共同体，锤炼出一大批认同企业价值观的狼性队伍为华为开疆拓土，因此华为能有今天的成就，也就不足为奇了。

易岗易薪，任职资格挂钩切身利益

任正非说 一定要把任职资格的工作扎扎实实做到底，三到五年内形成自己的合理制度，公司就有了生存下去的希望。

随着华为进入高速发展期，公司领导层意识到了管理体系发展的重要性，任职资格制度便是华为人力资源管理体系发展与变革的又一特色。华为任职资格管理体系主要解决了职业化进程中的一些重要问题，特别是工业经济转向知识经济过程中传统管理手段不能解决的员工管理问题。

华为任职资格制度共有5大族，51类，几百个子类，几乎所有岗位都有自己的任职资格标准，而且华为将任职资格与员工切身利益挂钩。举个例子，华为绩效测评中B+与A之间，虽然只差一个档次，但奖金却可能是一辆车的差距，这也从根本上杜绝了“大锅饭”，保证了员工工作的动力。华为任职资格管理的意义主要体现在以下4个方面：

1. 镜子作用。照出自己的问题。

2. 尺子作用。量出与标准的差距。

3. 梯子作用。知道自己该往什么方向发展和努力。

4. 驾照作用。有新岗位，可以竞聘相应职位。

华为公司是我国民营企业最早建立员工双向晋升通道的公司之一，华为的组织结构分为五层，除了基层人员外，都有大小不等的职权。以销售人员为例，如果想做销售，就可以从底层分布在各个地区的销售代表做起，然后是客户经理，客户经理之上又有国际、国内营销专家，国际、国内营销高级专家和国际、国内营销资深专家三个发展方向。如果想做管理，可以从事管理职位，发展空间和职权会更大，甚至进入公司高级管理层。

职位在华为可不仅仅是权利的象征，更与收入直接挂钩，另外，晋升到中、高级管理层，也并不意味着就可以高枕无忧、不用奋斗了。如果绩效考核不达标，依然会易岗易薪。华为推行任职资格与切身利益挂钩的人力资源管理政策，一方面杜绝了高层管理人员躺在功劳簿上“养老”的行为，另一方面也给认同企业文化的奋斗者带来了机会，进而推动了整个企业发展速度。

说到华为公司的任职资格体系的建立，就不得不提到NVQ（National Vocational Qualification），NVQ 是国家职业资格证书体系的简称，主要包括国家职业资格标准体系、职业资格考评体系、证书发放管理和专业人员、机构的质量监督管理体系。其标准结构及考评方法，如下表所示：

单元	要素1	要素	行为标准
	要素2		必备知识
	要素2		工作环境

（NVQ标准结构）

认证方法	观察法	工作结果样品
	产品法	第三方证词
	问答法	自我评估描述

（NVQ考评方法）

华为任职资格体系与NVQ有什么关系呢？1997年国家劳动部将华为确定为中英合作项目，华为成为NVQ在中国的试点单位，1998年初任职资格工作启动。华为并没有完全照搬英国这套NVQ体系，而是以此为基础，根据自身企业特点不断调整，最终形成了具有华为特色的一套资格认证体系。

华为任职资格考核体系强调贡献，注重效益产出，这个价值可以是直接的，也可以是间接的，可以是有形的，也可以是无形的。华为任职资格体系的建立同样围绕企业以奋斗者为本的企业文化来搭建，用责任与贡献来评价员工。华为的任职资格体系，对于其他民营企业的借鉴意义，主要表现为以下几点：

1. 通过建立标准职业资格认证，可以激发员工不断改进工作，提高工作质量和工作效率。

2. 引导员工树立终生学习的观念。

3. NVQ标准的建立和认证，有利于企业人力资源规范化管理。

4. 有助于员工培训目标和内容的确定及效果评估。

华为总裁任正非在《全心全意对产品负责，全心全意为客户服务》中写道：“我们公司现在的任职资格评议系统就是一种价值评价体系。我们推行能力主义是不是有问题？是不是要将责任与服务作为价值评价依据？你有能力，但没有责任心，没有达到服务要求，我们就不能给予你肯定，给予你高待遇。我曾批评中研部，在价值评价上有问题，重技术，轻管理，只技术上给予肯定，管理上不予肯定，你怎么能够肯定对只更改一个螺丝钉、一根线条的员工就应给予高待遇？如果不给予高待遇，而对只做出没有突出贡献的一点东西的员工，你却给予他高待遇，这种价值评价颠倒就必将导致我们公司成本增加，效益下降。所以我们要通过价值评价体系把优良作风固化下来，使之像长江之水一样奔流不息，这将使我们走向光明的未来。”

华为任职资格与加薪、配股和奖金等，都与所在团队、代表处组织绩效以及个人绩效挂钩，组织绩效取决于年初设定的目标完成情况以及横向、纵向部门的比较，个人绩效评比显得更加残酷。在华为，绩效考核10%～15%考评为A，B+不超过45%，40%～50%考评为B，5%～10%考评为C或D。

一旦考评为C或D，三年内不能涨工资、配股，当年奖金为零，华为人称之为“一C毁三年”。华为员工在“萝卜”与“大棒”的驱动下，级别越高，责任心越强，因为公司业绩、团队绩效与个人收入息息相关。正因为如此，华为才打造出这支不断攻城略地的强悍团队。

拓展解析

华为任职资格管理体系将传统的以事为中心转向更为关注人的管理模式，这种转变符合了知识经济的本质要求。企业只有真正从内在动机方面管理好员工，薪酬、奖金、惩罚等外在管理要素才能发挥作用。

工作行为职业化也是任职资格体系需要解决的问题，也就是说，通过对成功经验的总结或学习，制定规范的作业指导书，不仅可以培养员工的职业化行为，还会引导员工形成职业化素养，公司职业化水平、工作效率，自然也会不断提高。

华为通过任职资格体系的建立，明确了员工职业发展通道，以责任、员工能力、贡献为核心任职资格标准，与绩效评价和价值分配机制挂钩，把公司目标与员工个人需求及利益捆绑在一起，员工的责任感和使命感也就随之得到强化。制度不断完善，员工自然积极努力，人力资源管理的成本也就随之降低。

贡献导向，华为卓越的激励性政策

任正非说 不服从分配就是麻雀，就是小奋斗者。你还把他当鸿雁配股？这就是干部管理错误。麻雀和鸿雁就是不一样。麻雀你给他那么多粮食，它飞起来也提不动。你给他们分那么多钱，就是你考核机制有问题。

激励是人力资源管理的重要内容，是企业促使员工努力完成组织任务，实现组织目标的重要手段。有效的激励可以点燃员工的激情，促使员工工作动机更加强烈，让员工产生超越自我和他人的欲望，并将潜在的内驱动力释放出来，为企业远景和目标奉献自己的热情。

什么是激励？激励指的是激发人的行为的心理过程。美国管理学家贝雷尔森和斯坦尼尔给激励下了定义：“一切内心要争取的条件、希望、愿望、动力都构成了对人的激励。它是人类活动的一种内心状态。”

人类行为都是由某种动机引起的，这种动机是一种精神状态，对人的行为能够起到激发、推动和加强的作用。首先，激励要有被激励对象；其次，激励研究的是如何激发人的行为，并使之在一定方向上保持。

所以，激励是一个长期持续的过程。对于企业人力资源管理而言，激励的重要性就在于科学选人、用人、留人，也就是通过激励手段为组织吸引优秀人才、提高员工绩效，为组织留住人才。华为公司正是通过一系列激励政策，打造出具有自身特色的人力资源管理体系，成就了华为的大事业。

我们的待遇体系强调贡献，以及实现持续贡献的能力来评定薪酬、奖励。有领袖能力、能团结团队的人，是可以多给予一些工作机会，只有他们在新的机会上做出贡献，才考虑晋升或奖励。不能考虑此人有潜力时，就放宽他的薪酬。茶壶里的饺子，我们是不承认的。

——引自《关于人力资源管理变革的意见》(2005)

激励政策在人力资源管理中的应用，主要包括物质激励和非物质激励两种。物质激励主要来自于薪酬、公司分红、福利政策；非物质性激励政策则包括精神激励、企业文化激励，等等。高薪、高压几乎成了华为人力资源管理的代名词，但华为人力资源管理中的激励政策，真的只有高薪吗？下面让我们来逐一分析。

首先，物质激励。华为公司在物质激励方面，采用的方式是薪酬激励加股权激励，基本工资、奖金、股票分红组成了华为员工的收入，一方面通过高薪聚集优秀人才，另一方面通过高薪调动人才的积极性。

华为推行全员持股，股票分红成为华为员工高收入的主要来源，全体员工持股近99%，这成为华为人力资源管理物质激励最长期而有效的办法。全员持股，彻底改变了员工与公司的关系，用华为员工自己的话来说就是“在别的公司上班，是在为老板打工；在华为，是为自己打工”。华为的这种物质激励方式，得到了员工认可，增强了员工归属感，极大地调动了员工的工作积极性。

其次，精神激励。精神激励属于内在激励，华为在精神激励方面，主要采用荣誉激励与职权激励相结合的方式，通过绩效考核决定晋升。同时，对个人和团队的进步，在奖金方面绝不吝啬。另外，华为建立起了完善的员工晋升体系，也就是说，只要你努力，即便是普通员工，也有明确的晋升方向，进入公司中、高级管理层也不是没有可能。晋升的员工为其他员工提供了奋斗目标，其他员工看到这些晋升的机会，自然就会自主奋斗，成为员工真正的动力之源。

再次，文化激励。华为公司始终坚持狼性企业文化，并将这种文化贯彻到员工培训与日常工作中去。狼一样的扩张精神，吸引着一批又一批年轻大学毕业生来到华为，因为华为带给他们的不仅是高薪，更是广阔的发展舞台，而这也正是怀揣着远大理想的大学毕业生所需要的。他们需要一个舞台来证明自己。这种奋不顾身、不屈不挠的精神，正是华为狼性文化的一种表现。将企业大目标与员工小目标交汇在一起，才是华为企业文化激励的精髓所在。

总之，物质激励、精神激励、文化激励形成了华为公司独特的人力资源管理激励机制，既满足员工的物质需求，又满足员工的精神需求，三个方面的激励机制相互独立，又相辅相成，不仅吸引了大批优秀人才，并且留住了人才，提高了员工的绩效。当然，华为的激励体制也还存在着一些缺陷，也需要不断去完善。

拓展解析·

我国民营企业想要建立属于自己的员工激励体系，除了选择正确的企业激励机制外，创新是非常重要的，与时俱进，结合自身实际，创造出属于自己的激励体制是企业发展的必由之路。华为正因为创建了一套适合自身发展的员工激励体系，才有了如今的成绩。作为国内想要打造属于自己员工激励体系的企业而言，华为激励体系可借鉴之处总结起来主要有以下几点：

1．员工晋升通道。华为根据企业自身特点，设计了技术和管理任职资格双向晋升通道，给予了员工更多的晋升机会，同时将任职资格与个人收入挂钩。除此之外，华为公司给每位新员工都配备一位导师，当员工成为管理骨干时，还将配备一位更有经验的导师给予指导，大大减少了优秀员工的离职率。

2．合理分配资源。华为公司建立之初，股权激励偏向于中、高层技术及管理人员，而随着公司规模不断扩大，华为大幅度稀释大股东的股权，扩大员工持股范围和比例，这就增强了员工对公司的责任感。华为认为，管理的任务就是使最优秀的人才拥有充分的职权及必要的资源去实现分派给他们的任务。

3．薪酬体系差异化。许多企业在薪酬差异化方面做得并不好，主要体现在两个方面，一是所有员工“一锅端”，大家工资都一样，另一种是工资有差异，拿高工资的员工不满意，拿低工资的员工更不满意。华为薪酬体系差异化非常大，却能保持薪酬对员工的激励性，这就归功于华为建立了一套公平、公正的绩效考核体系，中、高级管理层同样没有任何特权。

第三章

华为价值分配基本指导原则

华为公司价值分配体系建立在劳动、知识、企业家和资本共同创造了公司全部价值的基础上，其中最重要的是处理好按劳分配与按资分配的关系，视组织权威为一种可分配的价值，将发展机会和组织权力放在价值分配的优先位置。华为价值分配理念强调以奋斗者为本，使报酬向高绩效者倾斜，让公司每个员工都能分享到企业成长的利益。

按劳分配与按资分配

任正非说：华为可分配的价值，主要为组织权力和经济利益，其分配形式是：机会、职权、工资、奖金、安全退休金、医疗保障、股权、红利，以及其他人事待遇。我们实行按劳分配与按资分配相结合的分配方式。

华为认为，一提到价值分配就想到钱，是片面的观点。价值包括机会、地位、处理问题的权利及责任。华为公司在实施人力资源管理变革时，最大的特点就是权利再分配。华为创始人任正非曾说过，价值分配不仅仅指钱，还包括职务分配、责任的承担。

当前，企业中最大的矛盾就是股东与雇员之间的矛盾，是上级和下级之间的矛盾，是晋升通道、管理权力、利益分配公平与否的矛盾。为了解决企业都会遇到的这些矛盾，华为着手起草了《华为公司基本法》，从架构、机制、文化等方面，锻造利益一致、文化向上的工作环境和氛围，打造出按劳分配和按资分配的价值分配原则，从根本上解决了企业价值分配中的矛盾。

效率优先，兼顾公平，可持续发展，是我们价值分配的基本原则。

华为按劳分配主要体现为“不让奋斗者吃亏”，利益分配向奋斗者倾斜；按资分配主要体现为员工持股，股票分红收益远远大于工资收益，公司股票分配同样向奋斗者倾斜。华为视发展机会为公司可分配的首要价值资源，一方面为员工提供成长和发展的机会，另一方面通过公平竞争机制，对公司机会资源进行合理分配，为人才成长创造有利的环境和条件。

人们常拿做馅饼来比喻公司事业的发展，价值创造，解决的是做馅饼的原料和做馅饼的方法等大问题；价值评价，解决的是怎样切馅饼的问题；价值分配，解决的是怎样把切好的馅饼分出去。华为将价值分配体系放在了重要的位置，这个问题处理不好，就会造成价值链脱节，让价值创造理念和价值分配体系无法实现，甚至把公司带入灾难性境地。

企业各种矛盾，归根结底还要归于利益，价值创造与价值评价，不会涉及利害关系，而价值分配利害关系就十分明显了。而这，也是为什么许多企业没有倒在创业时的困难面前，却在创业成功后突然瓦解的主要原因所在。华为能够在企业发展到一定规模后，依然保持强大的战斗力，很大程度上归功于华为伴随着企业发展不断变革、完善的价值分配体系。用任正非的话来说，就是“‘分赃’分得好”。

华为价值分配原则与其他企业的不同之处就在于，华为并不是按一个人的知识来确定收入和职位，而是以员工所拥有的知识对企业的贡献度来衡量的。对于干部，华为也摒弃了传统按照知识、学历选拔的原则，而是采用以承担责任、能力、贡献等素质来综合考量干部，避免了形而上学、唯学历适用的弊端。

我们实行员工持股制度。一方面，普惠认同华为的模范员工，结成公司与员工的利益与命运共同体。另一方面，将不断地使最有责任心与才能的人进入公司的中坚层。

——引自《华为公司基本法》

员工股东可以理解为合伙，能否视为合伙，其最重要的一个标准就是要看公司掌控者占多少股份。有些公司虽然也将虚拟股份作为激励政策，但大多公司的大老板持股份太大，即便全员持股，也不能视为合伙公司。

拓展解析·

华为人力资源管理成功的价值分配体系告诉我们，价值分配体系就是要将公司所创造的价值转化成可以分配的价值。当然，不是任何一家公司都能将所创造的价值完全分配给员工，企业内部就必须面对价值分配和再分配的问题。如果解决不好这个问题，公司将被这个问题拖垮也绝不是危言耸听，此类例子也比比皆是。

企业创造多少价值就分配多少价值显然也不现实，这就像一群打家劫舍者的贼，偷多少就分多少。因此，企业创造的价值在分配方法上，应该借鉴华为在以下3个方面的分配方向：

1．社会。承担社会责任。

2．员工。满足员工及家人幸福生活需求。

3．未来。为公司未来发展所做的投入。

华为价值分配的成功经验告诉我们，价值分配不只是被动分配，更是资源重新配置的过程，既是价值链循环的终点，也是价值链循环的起点。因此，企业价值分配体系的建立，关键不是怎样分配，首先要解决的是分配理念，也就是与价值创造和价值评价理念相一致的价值分配理念。

从《华为公司基本法》中可以看出，华为由价值创造、价值评价及价值分配构成的价值链非常清晰，而且能够被员工所认同，这也是为什么华为人更讲效率，通俗来说就是“看准了，就做”，“做了，就要做好”。

利益分配体现各自报酬定位

任正非说

工资实行能力主义，同等能力同工同酬，奖金实行效益主义，靠自己业绩取得奖金，退休金根据劳动态度评定，如此形成一个良性系统，形成一个活力非常强的集体。

华为建立起员工个人收入与公司整体效益联系浮动的价值分配制度，效益好时敢于扩张，共同负责；公司受挫时，要共同忍受。华为通过这种张弛制度，将压力传递到流程的每个环节以及每一个员工。华为认为，贡献有短期贡献和可持续性贡献之分，短期贡献用奖金来体现，而持续性贡献则用任职资格来体现。

人岗匹配是华为各自报酬定位的重要体现，就像任正非说的那样，人岗匹配解决的问题就是其能力适合什么岗位，能做出什么贡献，奖金的目的是奖励过去已经做出的贡献。每个评定的目的、重点、特点及方法都有不同。通俗来说就是“能者上，无能者下”，任什么职位就拿多少钱。概括起来说就是，华为利益分配体现各自报酬定位。具体内容，主要有以下几点：

1. 工资实行能力主义，同等能力同工同酬。

2. 奖金实行效益主义，奖金靠自己的业绩获取。

3. 退休金根据劳动态度评定，形成良性系统。

4. 动态价值分配，将传统“保健因素”向激励因素转化。

5. 福利最终是要养懒汉的，华为反对福利。

6. 巩固基层员工饥饿感、中层员工危机感、高层干部使命感。

华为利益分配的具体管理过程，可以概括为“以岗定级，以级定薪，人岗匹配，易岗易薪”十六个字。每个级别、每个岗位的工资，都综合外部竞争及内部支付能力和公平性后才确定。

要坚定不移地实行“以岗定级，以级定薪，人岗匹配，易岗易薪”，使公司永远处在内部运作成本较低的进取状态。

——引自《关于人力资源管理变革的指导意见》(2005)

以岗定级，每个职位都对应一个职级，职级作为这个岗位对企业贡献的价值评估标准。华为为此做了以下两件事：第一，对每类岗位确定岗位序列，如研发岗位序列、市场岗位序列等；第二，对职位序列进行评估，职位应负的责任是评估的重点，所控制的资源、产出以及岗位面对的客户及环境的复杂性程度，并参考承担这个岗位的人需要什么样的知识、技能及经验等，衡量结果用一个职级数字进行描述。华为通过这两步建立了一个职位和职级的对应关系。

以级定薪，华为薪酬体系使用的是宽带薪酬体系，每一级别从最低到最高，都有长长的带宽，每个部门管理者有权力在这个宽带中对自己的员工根据绩效调整工资。同一级别，依据员工绩效表现，在每年公司例行薪酬审视中，或当员工做出优秀业绩时提出调薪申请。员工即便不升级，只要对企业持续贡献，绩效足够好，工资也可以大幅提升，甚至超过上一级别工资下限。

人岗匹配，指的是员工与岗位所要求的责任之间的匹配，其核心点是看员工绩效是否能够达到岗位要求，行为是否符合岗位职责，还包括知识、技能、素质、经验等基本条件。人岗匹配通常是按照新的岗位要求来做认证，认证过程通常需要在新岗位工作三个月或半年以后才进行，而不是调动后立即执行。人岗匹配完成后，根据对新岗位要求适应情况来确定员工个人职级及符合度，并确定相应的薪酬调整。

易岗易薪，主要是针对岗位发生变化进行的薪资调整，一种是晋升，另一种是降级。如果员工工资达到或超过新职级工资区间最低值，那么他的工资可以不变，也可以提升，主要还要以业绩表现为准；如果尚未达到新职级工资区间下限，通常可以调整到新职级工资区间下限，也可以进入区间里，具体数额也取决于员工绩效。降级情况也是根据员工绩效情况，在新职级内的对应工资区间中进行调整，如降级前工资高于降级后职级工资上限，需要降到降级后对应职级的工资上限或以下。

华为认为，岗位重量要搞清楚，每个岗位在公司都应该有增值，岗位重量是不断变化的。当岗位不规范时，对干部级别要求高；当岗位规范后，对干部级别要求就不需要那么高。因此，华为认为岗位是循环变动的，人力资源要建立一个规则部门来认证岗位的重量，岗位重量确定后，各种级别需要配备多少人，自然而然就清晰明了。

拓展解析

当前许多企业都开始实行绩效考核制度，并以此为依据进行利益分配。然而，现实却是这些企业的绩效考核及利益分配机制，很难达到华为模式的激励效果。究其主要原因，不外乎以下几点：

1. 利益分配不公平。这里指的不公平，并不是指钱分得多少，而是包括职位晋升、奖金、工资等多方面因素，没有达到员工预期，或者奋斗者所得利益小于不奋斗的人。

2. 只有绩效考核，没有利益分配。这种情况，绩效考核就会起到反作用，例如公司只有处罚制度，没有奖励政策，也就是说，员工干得好挣钱的是老板，员工干不好，扣钱的是员工，企业凝聚力自然会变得松散。

3. 利益分配不得当。利益分配过少不合理，过度分配同样会对企业造成伤害，合理的分配利益可以激发员工积极性，一旦利益分配出现过重现象，很容易造成企业内部恶意竞争，甚至导致员工被利益驱使，铤而走险。

企业利益分配，最简单的一个道理就是让员工明白，你付出了什么，最终得到了什么。人，是企业的核心，因此利益分配的最终目的，就是将人的积极性充分调动起来，为企业谋取发展，获得更大的利益。如果违背了这个初衷，任何模式的利益分配，都将是无效的。

华为的成功经验告诉我们，企业利益分配，根据自身发展阶段和发展情况，需要根据不同层次员工需求进行衡量、配比，利益分配制度不能一成不变，而要随着企业的发展及外部环境的变化而不断变革。

1. 企业初创阶段。企业在这个阶段，利益分配要注重员工的干劲，要敢于分钱。

2. 企业发展阶段。除了工资外，员工希望有福利、奖金、提成等额外收入，满足家庭生活的需要，企业要善于分钱。

3. 企业成熟阶段。企业中、高层管理人员工作的时间越长，需求也就越多，企业要善于引导，不要过度分钱。

4. 企业利益分配要看重效果，而不是让全体员工都满意。

5. 利益分配要注重眼前，员工更关心当前利益。

奖金分配向高绩效者倾斜

任正非说 奖金评定要简单，当期贡献，贡献好马上就给奖。不要把一大堆事情放到一起评，这样奖金就变得很复杂，这样就不公平。

企业激励员工的方式多种多样，奖金无疑是最直接、最有效的手段之一，奖金激励法也是众多企业普遍采用的激励方式。对于员工而言，无疑希望奖金越多越好；对于企业而言，从成本角度考虑，又不得不加以控制奖金数额。因此，怎样合理分配有限的奖金资源，才能起到激励员工的效果，也成为让企业老板头疼的问题。

“奖金分不好还不如不分”，是许多企业老板没有处理好奖金分配问题后的感叹。目前，企业中的确存在这种现象，没有分配奖金之前，员工们还能保持高效的工作，反而在奖金分配之后，一些没有拿到奖金或奖金比别人少的员工，就会对工作产生抵触情绪，造成工作效率下降，甚至产生员工流失。因此，奖金分不好，还不如不分。

华为员工高收入已经不是什么神秘的事情了，工资、奖金、股票分红构成了华为员工收入的基本组成。与其他企业不同的是，在华为，员工工资反而不是收入的主体，收入更多来源于奖金和股票分红。

华为奖金分配政策之所以能够起到激励员工的效果，最主要的原因就是，华为奖金分配以绩效为依托，随时随地都会发放奖金。通俗来说，就是你干好了，干出业绩了，立即发放奖金。而且，华为奖金分配政策不看人、知识、职位，一切用绩效来说话，这就从根本上杜绝了奖金少或者拿不到奖金的员工的抱怨。

华为认为，奖金分配要逐步制定相对完善的奖金策略确保激活组织，确定奖金的导向机制是高层团队的责任，下级团队负责策划多样性奖金分配方案。只有把奖金发放规则按业务需求及管理要求来细分，才能增强激励的针对性、及时性，也才能起到明显的杠杆效应。

继续对奖金进行优化，率先在奖金激励机制上打破平衡：一是打破跨区域平衡，二是打破区域内部平衡，三是打破人与人之间的平衡。如果看到哪里奖金很平均，那这个干部就该换了，做不到奖勤罚懒，结果就是好的全走光了，差的全挤在那儿。今年公司明确了有5%的人员奖金为零，哪个大部门定不出这5%的人，那个部门的奖金就不能启动发放，当然这是指的大部门而言，小部门不要这样僵硬。但在任职资格和人岗匹配上，还是强调要跨区域保持平衡，因为人员总是要流动的。

——引自《华为EMT纪要》[2009]022号

华为指出，奖金机制既要牵引公司增长，又要以公司保持盈利为前提，公司奖金不仅要与收入指标挂钩，也要与利润指标挂钩。因为用利润来考核，会导致公司收敛；用销售收入来考核，会导致公司粗放。

人力资源管理方法先进与否，主要还是看是否适合本组织，只有适合本组织的管理方法才是最科学的。目前，有些企业一味追求先进奖金分配制度，不与组织实际情况相结合，往往收效甚微，不仅徒增人力资源管理的成本，还起不到激励员工的效果。组织进行奖金分配制度设计时，往往会陷入一个误区，忽略一些关键因素，而把一些非关键因素考虑在内。

华为奖金分配政策随着企业发展而不断变革，逐步向高绩效者倾斜，始终贯彻以企业价值观为核心，让奋斗者得其所得。总体来说，为了更激励员工，充分发挥奖金自身存在的积极作用，奖金分配应该遵循以下几点原则：

1. 公平与不公平。绝对公平只具有理论意义，不具备任何实操性。对于企业而言，要做到让每一位员工都满意的分配机制是不存在的，如何保证核心成员、优秀人才、奋斗者的稳定性，在公平与不公平之间做好权衡才是关键。

2. 奖金设计要根据组织内员工贡献、职位等诸多因素，体现出足够的合理性差异，例如，公司有些部门在业绩上面很难与研发、销售等部门相提并论，但这些部门却是企业发展必不可少的，这些部门的奖金分配依据和必要性，都要做出充分考虑。

3. 奖金发放应当遵循公开、公平、透明的原则，对每位员工的贡献和业绩，做出具体的奖金标准，由组织领导者凭个人情感随意支配是奖金分配的大忌。

总之，激励员工工作积极性、提高绩效是奖金存在的价值，如果奖金分配违背了这一核心价值，不仅起不到正面效果，甚至还会对企业发展造成伤害。华为的价值分配体系打造了持续、高效的狼性团队，许多企业纷纷效仿，但是，要知道在华为高奖金策略的背后，是由一套完整的绩效考核及人力资源管理机制作为支撑的。还是那句话，先进的，并不一定适合你的组织，只有适合自身组织实际的，才是最好的。

拓展解析·

奖金分配前提是取得优秀的绩效，目的是鼓励员工继续努力，奖金分配容易出现的问题，概括起来主要有以下3个方面：

1. 由公平感引发的不同岗位之间的矛盾，这种矛盾可以表现在相同团队的不同成员之间，也可以表现在不同团队群体利益之间。

2. 由效率感所引发的同一岗位不同员工之间的矛盾，这主要表现为工作表现好的员工与工作表现差的员工对奖金分配期望值不同所引发的。

3. 由公平感与效率感复合引发的矛盾，主要表现为低职岗位绩效优秀者与高职岗位绩效低下者之间对奖金分配平衡问题引发的矛盾。

华为的奖金制度，用华为总裁任正非的话来说就是，绩效好就立即给奖金，不要将一大堆事情放在一起评，否则就会让奖金复杂化，失去公平性。

任正非的话我们要怎样去解读，怎样去应用才能解决上述矛盾呢？其实，华为的奖金分配策略可以概括为四个字："动静平衡"。动，指的是员工之间的工作绩效及长期贡献表现；静，指的是不同岗位之间呈现出的静态差异；平衡，指的是绩效处于公司指标以下员工的惩罚以及奖金向高绩效员工倾斜的平衡分配过程，也是动的延伸。奖金作为组织的一种激励手段，具体设计与实施要结合自身实际情况，灵活运用，才能实现其在人力资源管理方面的功能与作用。

避免高福利为企业发展埋下隐患

任正非说 客户是决不肯为你的光鲜以及高额的福利多付出一分钱的。我们的任何渴望，除了用努力工作获得外，别指望天上掉馅饼。公司短期的不理智的福利政策，就是饮鸩止渴。

福利属于员工的间接报酬，包含了保险、带薪假期、节日礼物、退休金等诸多内容，这些奖励也视作员工全部报酬的一部分，在企业人力资源战略决策方面，也占据着重要地位。从人力资源管理角度来说，福利可以起到吸引员工、留住员工、提高企业在员工心中的形象、提高员工对企业和职务的满意度等作用。

福利与员工其他收入不同之处在于，福利不需要纳税。从某种意义上而言，福利对员工具有更大的价值。就目前企业人力资源管理发展趋势而言，福利在整个报酬体系中所占据的比重越来越大。

那么，高福利政策对于企业和员工而言，究竟是好还是坏呢？作为员工而言，当然是福利越高越好，对于企业而言，是不是高福利就能留住人才、提高绩效呢？华为一直以高薪、高压而著称，为什么华为总裁任正非一再强调，华为公司的薪酬制度不能导向福利制度呢？

妄想不劳而获、好吃懒做是人的天性，工资好、福利高、工作强度小、工作时间短是许多就业人员的第一选择。华为创始人任正非深知人性的这些弱点，在企业进入高速发展阶段，为了防止老员工和中、高级管理层躺在功劳簿上好吃懒做，华为进行了一系列人力资源管理的变革，从制度上杜绝了高福利对企业发展所带来的潜在危机。

华为的高薪来自于绩效、奋斗，也就是说，多干多得，少干少得，不干不得，干得好多得，干不好不得。

要研究历代封建王朝怎么覆灭的，当新一代皇帝取代旧主时，他成本是比较低的，因为前朝的皇子、皇孙形成的庞大的食利家族，已把国家拖得民不聊生。但新的皇帝又生了几十个儿子、女儿，每个子女都有一个王府，以及对王府的供养。他们的子女又在继续繁衍，经过几十代以后，这个庞大的食利家族大到一个国家都不能承受。人民不甘忍受，就又推翻了它，它又重复了前朝的命运。华为如果积累了这种病，不要几年就会破产。

——引自《关于人力资源管理变革的指导意见》(2005)

目前，众多国内外企业竞相提升福利水平，想以此来吸引人才、留住人才，提升自身的竞争力，殊不知，高福利已经悄悄地给企业埋下了隐患。相关调查结果显示，美国硅谷各大公司福利政策越来越高，但员工满意度却越来越低。

曾经的诺基亚中国公司，按摩师、心理咨询师一应俱全，上班晚来早走，员工甚至还可以悠闲地开网店。无论诺基亚公司处于巅峰时期，还是走向没落阶段，诺基亚的员工福利及工作氛围，都没有发生任何变化。

持续无度的高福利，没有区分、毫无差别的全员福利，让诺基亚公司这座大厦在即将倾倒之时，员工没有丝毫力挽狂澜的危机感，反而继续享受着这种福利。在诺基亚帝国崩塌之后，问及诺基亚员工为什么拖到被裁员后才想起来找新工作时，多数员工回答为“薪水高、假期多、工作少，基本不用干活，所以之前舍不得走”。

假如诺基亚在遭遇危机的时候，能够改变福利制度，降低全员福利标准，提高对公司持续贡献的员工的福利待遇，果断裁掉混日子、毫无作为的员工，企业是否能够避免彻底滑入深渊呢？当然，这个假设没有去验证，但事实是，诺基亚培养出了大批懒惰的就业困难户，懒惰一旦养成习惯，坑害的不仅是企业，更是自己。

华为总裁任正非在华为人力资源建设方面反复强调，要控制总体薪酬水平，防止高工资、高福利对企业带来的威胁，我们只有认真研究吸取经验教训，企业才能持续有效地发展。正因为华为人的危机意识和逐渐完善起来的薪酬体系，才让华为这艘巨轮能够逆水行舟，乘风破浪。

妄图通过高福利政策吸引人才的企业，需要清醒地认识到这些危机。福利本身并没有错，华为的薪酬在同行业内，高出不止一筹，问题就在于，福利需要有配套的制度来支撑，如果实行普惠的高福利，不仅不能为企业带来高素质、高忠诚度的人才，反而距离企业破产之日不远了。

拓展解析·

俗话说“宁给穷人一口，不给富人一斗”“人没有所谓忠诚，忠诚只因为背叛的筹码不够”，虽然这些话听起来让人不舒服，但本身确实是人性劣根所在。古往今来，“端起饭碗吃肉，放下筷子骂娘”的例子比比皆是，甚至每天都会发生在你我身边。

人力资源是当今企业发展的重要资源，人力资源管理，也成为被当今企业所重视和研究的课题。低薪压榨模式早已成为过去，高薪、高福利逐渐成为常态，低福利留不住人才，高福利会让人才变成蠢材。在国内有些比较成功的企业正在为内部利益分配争破头皮的时候，华为的员工却上下一心，在世界各地攻城拔寨；当国内某些企业老板、股东口袋越来越鼓的时候，华为却拿出上百亿给员工分红。

目前，许多企业开始学习华为的人力资源管理模式，借鉴成功经验是好事，但学什么、怎么学，才是学习的重点。高福利不代表就会造就懒员工，最重要的是，企业价值分配、企业文化、企业目标等因素，一定要与员工自身利益结合在一起。用华为的观点说，就是企业大目标与员工小目标保持一致，这样建立起来的福利制度，才是无毒的，才是健康的，才是符合激励原则的，也才能保证企业的健康成长。

华为非物质激励系统规划

任正非说 我们增加人文关怀，要强调责任结果导向为前提，坚持这点不动摇。你的工作绩效很好，为什么不可以在工作时间喝杯咖啡呢？为什么不可以去健身器上活动下筋骨呢？但冬天洗煤，虽然很辛苦，也不能评劳动模范，因为这个劳动不创造价值。

企业员工激励方式主要分为物质激励与非物质激励两大类，非物质激励指的是以非货币形式支付、影响员工工作行为和工作结果的精神层面的激励。无论是物质激励还是非物质激励，需求都是激励的基础和前提。随着生活水平的不断提高，人的需求开始变得多样化，单纯物质激励已经无法满足员工的需求，非物质激励在企业人力资源管理中起到的作用也越来越突出。

非物质激励的方式多种多样，没有固定的形式，相互之间的内在联系也相对混乱。企业怎样对这些非物质激励方式进行科学的归纳和整理，并形成行之有效的激励手段，对企业人力资源管理建设具有十分重要的意义。

19世纪90年代，人力资源管理这个概念对于大多数中国人，包括许多企业来说，都十分陌生，甚至根本没听说过。在当时这种环境下，华为创始人任正非就花2000万重金请咨询公司为华为构建了人力资源管理体系，这种行为体现出了华为这位掌舵人卓越的前瞻性。

华为的物质激励政策为华为吸引了大批人才，可以说是十分成功的，同样，华为以狼性企业文化为核心的非物质激励系统同样非常优秀，这也保证了华为核心人才的不流失。任正非强调，非物质激励本质应该是让多数人变成先进，让大家看到机会，并为之努力。

任正非认为，华为绝大多数人是先进人物和优秀分子，愿意发钱就发钱，即使发个奖章也好。非物质激励不仅是指建立正确思想，还要听得进批评，如果将来公司都听不进批评，都以“世界老大”自居，这是不行的。

我们要建立一个荣誉累积制度，作战英雄得到的荣誉，累积起来对他们未来长期要有好处。比如在艰苦地区工作了，在健康保障上有哪些好处？要制订这么一个福利计划。这个计划从总包里出钱，给了你就挤占了别人的，而不是额外增加。这样我们就让荣誉是有价值的，现在光是在家里挂一个奖牌是不够的。假积极一辈子就是真积极。我们实行一系列的奖励制度，能使得大家假积极一辈子就够了。

——引自任正非于2013年3月29日在EMT例会上的讲话

当然，一个企业空谈理想，对普通员工大讲奉献精神，或许从管理者角度而言，这样做无可厚非，但对于只拿着基本工资的底层员工而言，这些做法除了浪费时间，是没有任何意义的。

华为建立之初，一直执行全员持股制度，正因为华为的这种制度基础所在，员工即是公司股东，努力工作的回报是高额度的分红，使打工变成了为自己打工。有了这样的基础，华为的狼性企业文化及一系列非物质激励手段才得以发挥最大效用，谈奉献、奋斗也自然就得到了员工的认同。

随着华为的高速发展，员工数量不断激增，新员工并不会得到公司配股，激励政策要怎样执行呢？华为公司总裁任正非在2014年9月23日公司内部激励导向和激励原则汇报会上指出，华为激励制度改革要关注到公司的每个角落，让人人都能分享到公司成长的收益。

变革，是华为人力资源管理体系成功的重要体现。纵观华为发展史不难发现，华为的人力资源管理体系，在不同时期，针对不同内外部环境，一直处于变与不变的进程中。不变的是企业核心价值观，变的是适应时代、市场的管理体系。

当今社会，虽然物质是员工生活的基本保障，物质激励也是企业常用的手段。但不难发现，许多企业福利、薪酬等待遇都很丰厚，员工积极性却总是调动不起来，人才流动也非常频繁。事实上，这些企业都忽视了非物质激励的重要性，忽视了员工不仅在物质上有需要，在精神上也存在着需要。

人力资源是企业最宝贵的战略性资源，也是企业发展的关键因素，通过非物质激励政策有效地激励员工，将是企业留住人才，发挥人才应有作用的法宝。华为总裁任正非指出，华为要攻下战略机会点，不仅要靠物质激励，还要发挥非物质激励的作用，更重要的是要培养战略系统思维。我们公司是从小的游击战打过来的，缺乏系统性思维，提拔的都是务实的人，没有务虚的人，我们要转换思想，慢慢从人力资源机制中形成培养战略家、思想家的土壤。

拓展解析·

非物质激励方法有很多，对于每个企业管理者而言，都有自己的一套方法或心得，通常来说，企业文化的构建与员工对企业文化、价值观的认同感，是决定非物质激励政策是否有效的重要因素。通过对华为非物质激励体系的分析，企业非物质激励方法，可以从以下几个方面着手：

1. 安全。安全是人生存的基本条件，如果员工缺乏安全感，就很难全身心投入到工作中，企业应该采取有效措施，给予员工生理及心理上的安全保障。

2. 公正。公平感对员工激励十分重要，虽然公平主要集中在物质激励方面，但员工感受到在非物质激励方面受到不公平待遇，仍然会重新评估自身的生存条件，并产生一系列消极应对方式。

3. 沟通。良好的沟通是一种非常有效的非物质激励方式，通过沟通不仅可以满足员工被尊重的需求，也会使员工产生强烈的被重视心理或感受，极大调动员工的积极性。

4. 尊重。任何人都渴望被尊重，也都有被尊重的需要。因此，企业的非物质激励要树立以人为本的管理思想，满足员工被尊重的需要。

5. 信任。信任是建立高绩效组织的基本要素，管理者的信任可以极大鼓舞员工的工作热情，尽力做到“用人不疑，疑人不用”。

6. 晋升。明确员工晋升通道，让员工努力工作时可以看到方向，这是企业非物质激励中，十分重要的一环。如果员工的努力没有方向，热情很快就会消散，自然也不会有自主努力工作的动机。

第四章

华为价值分配矛盾处理方式

任何企业在价值分配方面都会存在各种矛盾，华为认为，矛盾冲突会造成火山和地震，但沉淀下来就是新大陆。那么，是不是各种制度完善后，就能解决企业生存和发展的问题呢？答案是未必，只有不断找到企业存在的内在矛盾，深入考虑企业内在矛盾，不让公司政策随意发生变更，个人利益必须服从集体利益，各种矛盾才会被缓解，才会被解决。

效率优先，兼顾公平

任正非说 **用唯物主义观点看，不公平是绝对的、公平是相对的，经过集体评议的结果，个人有什么不满请先包涵着。我们确实不能明察秋毫，但改革一定要往前走。**

公平问题在企业人力资源管理中，处于核心地位。只有处理好公平问题，才能充分发挥公平原则在人力资源管理中的作用，更好地调动员工工作积极性和创造性，推动企业各项工作的顺利开展，为企业创造出更大的经济效益。

企业人力资源管理中的公平，包含了薪酬、奖惩、晋升等诸多因素。华为总裁任正非指出，公平不是绝对的，而是相对的，如果可以追求企业一碗水端平，追求百分之百的公平，最后就会导致对99%的人都不公平。不要过度宣传公正、公平，世界上从没有真正的公平与公正，我们只能不断改进，尽可能做到公平、公正。

效率优先，兼顾公平，可持续发展，是我们价值分配的基本原则。

——引自《华为公司基本法》

公平就是一个平等和效率的组合。为什么这么说呢？“效率优先，兼顾公平”，实际上指的就是，公司先把蛋糕做大，然后再在动态中合理地分好蛋糕。美国著名经济学家阿瑟·奥肯有一个著名的论断：“平等和效率双方都有价值，而且一方对另一方没有优先权，那么在他们冲突的方面，就应该达成某种妥协。”

对于企业而言，公平和效率并不矛盾，公平决定了效率，效率是公平的必然结果。企业如果制定出公平合理的人力资源管理制度，必然可以让员工形成有效的预期，增加或减少各种投入，降低生产成本，为企业带来规模效益。反之，企业投入成本增加，员工工作效率低下，企业收益与投入将不成正比。因此，从这方面来说，人力资源管理的公平性影响着效率。

企业人力资源可以秉承公平原则，但不要试图创造绝对的公平。国内有些企业管理者就陷入了公平的误区，公司薪酬、福利、晋升都追求所谓公平，造成员工干好干坏一个样，干与不干一个样，结果导致奋斗的员工不再奋斗，偷懒的员工更懒。即便管理者的出发点是好的，但方法不正确，就不会得到正确的结果。

对于公司管理人员而言，以人为本的管理思想没错，但不能在管理中感情用事。对于企业和员工而言，真正的公平应该体现为多劳多得，少劳少得，不劳不得，为奋斗的员工提供明确的晋升通道，淘汰对企业没有贡献的闲散懒人。不劳还能得，甚至多得，这是对公司其他员工最大的不公平。

企业不是神仙，不可能时时、事事做到公平，所谓的绝对公平是做不到的。只要企业的领导人，是为了企业的目标真诚奋斗，这次对你不公平，下次也许就纠正过来了，也许几次不公平，终有一次是公平的。你是金子总会发光的。

——引自《关于人力资源管理变革的指导意见》(2005)

随着企业管理者对公平的重要性认识不断提高，公平原则及过程，已经成为企业人力资源管理中的一个强有力的管理工具，尤其在知识密集型的企业中，企业价值完全依赖于人的想法和创新，公平深刻影响着员工的工作效率和行为态度。有了公平原则，员工的自主能动性会被充分调动起来，再难的项目也能实现；如果失去了公平，即便是轻而易举的事情，也很难实现。

虽然公平在企业人力资源管理中的作用非常重要，但处理不好也非常容易让企业在管理中陷入误区。公平原则作为企业人力资源管理的一个重要工具，必须以实现企业目标为导向，一旦违背了这一初衷，盲目追求所谓的绝对公平，就会将企业推向深渊。而且，无论你是初创的小企业，还是企业界的世界巨头，都不能幸免。诺基亚手机帝国的轰然崩塌，就是最典型的例子。

任正非在华为人力资源管理建设关于公平问题上强调，公司不要过度宣传公平，不同人从不同角度，对公平的认识是不一样的，这个世界上从来就没有绝对的公平，只有那些本分、知足的员工，才有培养前途，不知满足的员工不要录用，会为企业管理增加困难。员工报酬要与贡献吻合，别人挣多少与你没什么相干，过分强调民主、公平，会破坏企业内部环境，物极必反。

拓展解析·

企业人力资源开发与管理过程中，怎样避免员工产生不公平的感觉，营造一种公平合理的制度和氛围，使员工产生主观上的公平感呢？华为认为，矛盾是客观存在的，公司的发展就是在不断改良过程中，解决一个又一个问题，不能操之过急。纵观华为不断发展和改良的人力资源体系，在公平原则方面总结起来，主要有以下几点值得借鉴：

1. 有效的激励制度。激励制度包括了绩效考评、薪酬管理、晋升通道及奖惩制度等，这一系列制度的制定，对组织管理的公平性，起着极为重要的作用。

（1）绩效考评及薪酬管理。建立合理的绩效考评及薪酬管理制度，需要在组织中进行科学的工作分析，确立组织工作目标，将组织目标与员工目标统一起来，让员工在比较薪酬时，感受到分配的公平。

（2）员工参与管理。让员工参与公司管理，并且实际参与了，员工的公平感会显著提高。

（3）监督制度。员工对组织制度容易出现理解上的偏差，建立相应监督制度可以保证制度的严格执行，监督者利益要注意与被监督者分离，监督者本身也要接受监督，督促管理者严格按制度办事而不是按权力办事，会极大提高员工对组织分配的公平感。

（4）沟通体系。建立沟通体系，站在员工角度思考问题，有助于在组织与员工间建立信任的桥梁，帮助员工客观地评价组织与员工之间的投入与产出。

（5）晋升制度。企业建立合理的晋升通道，有利于员工朝既定目标努力,当组织目标与个人目标一致时，员工会增加对工作的投入来实现自我价值，即便努力后没有得到晋升，也会因制度公平而减少对组织的不公平感。

2. 不断提高干部素质。企业管理者的管理方式及个人意志，会直接影响企业管理过程中的公平性。例如任人唯亲、关怀差异化、管理有偏见、不尊重员工等，这些因素都会导致员工不公平感的上升。因此，提升管理干部的自身素质，对于提升员工公平感十分重要。

3. 企业文化建设。加强企业文化建设，赢得员工认同是增强员工公平感的重要途径，员工对企业价值观、企业文化产生认同和归属感，遇到问题就会冷静对待，具体问题具体分析，而不会滋生不公平感。

总之，企业人力资源建设体系是一个长期、系统的大工程，不盲目追求绝对公平，也不要搞领导干部特权才是建立公平管理的基础。华为的人力资源管理体系为了适应企业发展和时代变迁，一直处于不断变革和完善之中。华为管理的成功经验也说明，只有在不断变革中寻找到适合当前的管理制度才是最好的，用制度取代人的管理，才能在公司内部营造出真正的公平环境。

历史贡献者与当前贡献者

任正非说 我认为，任何一个民族，任何一个公司或任何一个组织只要没有新陈代谢，生命就会停止。只要有生命的活动就一定会有矛盾，一定会有斗争，也就一定会有痛苦。如果说我们顾全每位功臣的历史，我们就会葬送公司的前途。

历史贡献者与当前贡献者之间的矛盾可以说是我国改革开放以来，多数企业“长大后的烦恼”。换句话说，矛盾主要体现为公司元老、功臣与职业经理人之间的矛盾。大多公司元老都随着企业从创业到成长的整个过程，甚至有些公司在生死存亡之际，是他们拼死杀出一条血路，才会有企业的今天。

现实问题是，这些历史贡献者的管理观念和思维模式，已经不再适合企业的发展需求，甚至已经阻碍了企业的发展。怎样对待公司元老，也就成为令许多老板头疼的问题。委以重任会妨碍企业持续发展，免职又会被抨击为卸磨杀驴、忘恩负义。华为在经历了公司初创阶段，进入高速发展期后，同样也面临着这样的问题。

华为总裁任正非早在1995年时就已经指出，华为的功臣不一定要居高位，可以享受相当的福利，奖金、职务一定要给责任者。华为公司不提倡终身制，终生在华为工作与终身制是有区别的。

一个人是很难跟上时代进步的，当他跟不上时代时，他的岗位必须变动，否则企业就会失去竞争力，即使他同意变动，如果不按贡献改变薪酬，那么企业拖着这种高成本，竞争力也会下降，从而逐步走向死亡。考虑到这些人历史上也有贡献，因此他可以保留已配给他的股权，享受投资收益。公司垮了，他什么收益都没有了。华为公司一开始设计了这种制度，使得我们有可能克服大企业病。

——引自《关于人力资源管理变革的指导意见》(2005)

我国历史上那些开国帝王，都曾面临这样两难的境地，只有身处其位，才能真正理解他们的难处。“企业的发展过程，就是一个不断淘汰功臣的过程。”这句话虽残酷、不近人情，却是企业发展的至理名言。企业发展的残酷外部环境，决定了企业如果不淘汰不称职的人，自身就会被市场淘汰。

××公司创业多年，规模不断扩大，并开始着手上市。公司原有的管理人员素质已经不足以支撑公司的发展需求，公司总裁聘请了多名高级管理人员加入公司团队，并从基层提升了原公司中、低层管理人员。

本来，这属于一个公司正常的人员代谢过程，却引起了公司元老们的强烈抵触，公司元老与新晋管理层的职业经理人矛盾重重，甚至引起一系列人员离职，公司制度改革受阻，人员流失率激增。

企业在每个不同成长阶段，都会有一批功臣，有些功臣能与时俱进，但更多人的成长速度跟不上企业的发展速度，如果企业人力资源管理制度不合理，没有跟上企业的发展，就会出现上述案例中的问题。案例中出现这种情况，企业老板要负主要责任，这也是国内民营企业老板的通病。

我国民营企业创业艰难，暂且不说创业元老们的贡献和能力，凭着他们陪伴公司从风雨中一路走来，也只有他们能理解创业的艰辛。所以，大多数公司元老在老板心中的位置已经不是单纯由职务和贡献来决定。从某种意义上来说，老板把他们当成了兄弟、战友，而元老眼中的老板也与普通员工眼中的老板完全是两种概念。因此，可以说情感因素成为很多公司人力资源变革的最大掣肘。要想解决好这个问题，也必须从情感因素方面开刀。

俗话说“慈不掌兵，义不掌财”，感情用事最终会给企业带来毁灭性的灾难。华为对待历史贡献者，一方面提倡对公司有过贡献的员工增强自身适应调整能力，另一方面建立培养体系，要求各级部门帮助他们提升，跟不上公司发展的，必须做出岗位调整，但可以保留股权收益。

华为总裁任正非指出，不是每个干部都能在岗位上持续发展，老一代退下去，新一代升上来是很正常的事，对于历史上做出贡献，现在跟不上的员工，要做好安抚，公司可以基于一定的特殊政策，对员工要爱惜、珍重，尤其在公司变革时期，要做好员工的思想工作。你工资减少了，股票还那么多，够用了。

拓展解析·

华为在解决历史贡献者与当前贡献者的问题上，之所以能够成功，归根结底属于人力资源管理体系变革的成功。企业在处理功臣、元老的问题上，一味包容和辞退都不是理想的做法。对有些元老来说，他的管理方法可能落伍了，但他比职业经理人更理解公司的文化及核心价值，对公司的归属感更强，其战略目光也不是年轻的经理人可以比拟的。

因此，企业在处理历史贡献者的问题上，一定要从实际出发，制定出合理的人力资源管理制度，只有用制度代替人的管理，才能保证企业的人力资源体系为企业发展做贡献。因此，企业需要考虑两个问题：第一，元老过去对企业有贡献，就要奖励他，现在没贡献，是不是还要奖励他呢？第二，元老对企业贡献越来越少，却给企业带来资金上的压力，是否应该辞退呢？找到这两个问题的答案，企业在历史贡献者与当前贡献者之间的矛盾，也就解决了。以下几点建议可供参考：

1. 做好沟通工作。企业新陈代谢是企业健康发展的保障，元老级员工随着学习能力下降，害怕自身利益受到威胁，就会产生抵触情绪是很正常的，因此做好沟通工作，是解决问题的前提。

2. 管理制度化。将管理制度化是解决问题的根本，这就减少了人与人之间的矛盾，职位的评定以绩效为准，可以给元老一定的特殊政策，职位方面要根据绩效评定结果，让合适的人来担当。

3. 辞退是下下策。辞退公司元老会给公司带来严重负面影响，新员工会在心里产生“以后我很可能就是下一个被辞退的”的思想，严重破坏公司凝聚力。因此，企业要建立适当的培训体系，将元老放在合适的位置上，辞退元老是下下策。

个人利益与集体利益

任正非说 公司只有一个目的，就是实现公司的价值，员工的价值只有通过在为华为公司价值奋斗的过程与结果产生的贡献来评价。

一个企业的兴衰与企业员工的切身利益密切相关，企业是员工施展才华的舞台，只有企业发展了，员工才能得到更大的发展空间，也才能更好地实现自身价值。同样，一个不能为员工搭建好发展空间的企业，自然也就不会发展成为大企业。

近些年，国内大量企业如雨后春笋般出现，又昙花一现般消失，就很能说明问题。企业是追逐利益的团体，利益是企业发展的原动力。企业获取利益本身并没有错，但为企业创造利益的根本是人，如果企业家只顾着自己的腰包鼓鼓，而忽略了企业员工的个人利益，企业倒闭也就成为再正常不过的事情了。而这也是我国许多企业在国内看起来很强，放到世界上却毫无竞争力的主要原因所在。

华为从成立之初到现在，在短短二十几年的时间内，不仅迈入世界500强企业行列，同时在世界同行业内，形成了强势的竞争力和进攻火力，这对于中国民营企业来说，称之为奇迹并不为过。

任何时候要以公司利益和效益为重，个人服从集体。任何人的利益都必须服从集体利益，将个人努力融入集体奋斗中。

——引自《华为人行为准则》

华为总裁任正非1998年在基层员工价值评价体系汇报会上指出："我们应该建立一个为公司服务，而不是为员工服务的管理干部与基层员工的价值评价体系，不能替基层员工着想太多，我们为他们着想的是只要他工作效率和品质提高了，就应该得到合理的报酬。"

我们怎样去理解任正非的理念呢？首先，让我们来看一看国内大多数民营企业的现状，公司老板、大股东占据着公司大部分股份，甚至百分之百，员工报酬主要来自于工资；其次，即便许多企业开始效仿华为，建立虚拟股份激励制度，但员工在公司中持股比例，依然不足以影响企业管理。反观华为，员工持股占多少呢？答案是近99%。这一个数字足以说明问题，也就不难理解任正非所说的"合理报酬"的意义。

简单来说，华为在处理个人利益与集体利益的问题上，通过利益共享，将个人利益与集体利益捆绑在一起。因此，公司的目标就是员工个人的目标，员工的个人利益与企业利益息息相关，也就是说，员工不再为企业打工，而是为自己打工。并且，华为通过一系列制度，将其彻底落实下来。

目前，国内能够拿出上百亿给员工分红的企业，只有华为。所谓"高薪"，在华为虚拟股份制的"合理报酬"面前，也就变得不值一提。华为员工始终保持狼的攻击性，始终充满斗志，将企业推进世界500强行列，并依然奋斗，也就不足为奇。

正所谓“大河无水小河干”，企业是员工实现利益和价值的载体，只有企业目标与个人目标相统一，形成利益和命运共同体，才能实现各自的利益，体现各自的价值。这也是华为一再强调华为接班人必须承认华为文化及华为核心价值观的原因所在。

华为人力资源激励机制强调要有利于公司核心竞争力战略的全面展开，也要有利于近期核心竞争力的不断增长，只有公司核心竞争力提升，全体员工的价值，才有实现的机会。对于企业而言，生存是第一位的，只有确保企业利益的基础上，才能谈及员工的利益。

个人利益与集体利益之间的关系十分微妙，没有良好的人力资源管理制度，集体利益就无法维护。企业为员工提供平台，员工通过这个平台为企业盈利，同时自己也实现了自身价值，得到了更好的发展。对于个人而言，为了个人利益而不顾集体利益，也许能捡一时便宜，却会因此失去长远发展的机会；对于企业而言，只注重集体利益而忽视员工个人利益，也许能获得一时暴利，但无法长久地发展壮大。

因此，企业在处理个人利益与集体利益的问题上，都要从未来发展考虑。企业如果不能盈利，员工就会逐渐散去，企业在人力资源建设方面，首先要考虑的就是怎样打造企业集体与个人的利益共同体、命运共同体。

拓展解析

华为公司就像一艘驶往成功码头的大船，大船的航行靠的是无数员工共同的努力，无论是管理者还是普通员工，走到一起，只有一个目的，那就是让公司这艘大船，走得更快，走得更平稳。华为为了让这艘大船行驶得更加快速、平稳，制定了一系列人力资源管理制度，不让企业这艘大船在风浪中倾覆是一切制度的基础。

企业成功了，不仅意味着经营者的成功，同时也意味着每个员工的成功；如果企业垮掉了，员工也就失去了舞台，实现自我价值也就成为空谈。个人利益与集体利益，从本质上来说，两者是相辅相成、相互推动、共同发展、生死与共的关系，有了共同目标、共同命运，企业就会产生很强的凝聚力，员工也就能一致为企业发展努力，克服经营中的各种困难，创造良好的业绩。

“不要问国家能为我们做些什么，而要问我们能为国家做些什么。”这是美国前总统肯尼迪的一句名言，华为深知其中道理，在人力资源管理体系搭建过程中，也要求员工“不要问企业能为我们做些什么，而要问我们能为企业做些什么”。公司收益好了，个人收益自然增加，公司遇到困难了，每位员工都要分担责任。

总之，在个人利益与集体利益的处理上，个人利益必须服从集体利益，建立员工与企业之间的一种责任。企业文化与企业价值观是联系个人利益与集体利益的纽带，只有个人目标与企业目标相同时，个人利益与集体利益才能紧密联系在一起，个人才能为企业发展做出贡献，反之，两者之间就会产生不可调和的矛盾，掣肘企业的发展。

管理篇

关于华为以人为本的人力资源管理体系

在人力资源管理体系方面，
华为认为干部和专业人才是两个金字塔，最基层是共同的，
中间这一层是可以流动的，
业务干部和管理干部是混合的，到了高层，两个金字塔之间就不再流动了，
塔尖的人主要抓方向。
目前，许多企业都想学习华为这种人力资源管理体系，需要谨记的是，
华为的成功具有“当下性”这一不可复制因素。
但学习华为的成功管理经验，对企业人力资源管理和企业发展无疑会受益匪浅，
它成功的系统性逻辑、开创性的思维和对干部选拔培训机制，
都值得深入研究和体会。

第五章

以人为本，以文化为核心

任正非在《北国之春》中写道：“谁能想到，这十年间日本经受了战后最严寒和最漫长的冬天。正因为现在的所见所闻，是建立在这么长时间的低增长时期的基础上，这使我感受尤深。日本绝大多数企业，近八年来没有增加过工资，但社会治安仍然比北欧还好，真是让人赞叹。日本一旦重新起飞，这样的基础一定让它一飞冲天。华为若连续遭遇两个冬天，就不知道华为人是否还会平静，沉着应对，克服困难，期盼春天。”居安思危，也正是华为人力资源管理在不断变革中发展的一个缩影。

华为“左非右芳”时代

任正非说 华为初期的发展，是靠企业家行为，抓住机会，奋力牵引；而进入发展阶段，就必须依靠规范的管理和懂得管理的人才。

任正非可以说是国内最低调的企业家之一，与任正非的低调相比，华为董事长孙亚芳更显神秘。如果说任正非是一位经验丰富的老船长，不断为华为探索方向、制定航道的话，孙亚芳就是一位沉稳的舵手，为华为把稳舵，搏激流。

孙亚芳并不是华为创业元老，她1992年进入华为，先后担任过培训经理、办事处主任、人力资源和市场营销的常务副总裁，1998年出任华为公司董事长，华为开始进入“左非右芳”的时代。孙亚芳从基层做起，一步一个脚印，走出了一条堪称完美的职业生涯之路。

无论是对孙亚芳的重用，还是之前对李一男的提拔，都可以清晰看出任正非的用人之道。任正非坚持以人为本、以文化为核心的企业管理，体现出作为一名企业掌门人的卓越智慧与敢为天下先的胆识。而孙亚芳不仅强势，也更富有女性独特的细致，在《领略安南秘书长的风采》《戴安娜葬礼所想到》《探索以色列崛起之谜》等文章中，都能看出她的理性与智慧，尤其是她写的《不要挽狂澜于既倒的英雄》《小胜靠智，大胜在德》等文章，多次被任正非在重要讲话中引用，后者被篆刻成石碑，树于华为总部。

华为在1992年前后因货款回收太慢，导致现金流出现了严重的问题，公司全体员工连续几个月没有发工资，士气非常低落，已经出现部分员工请求辞职的现象。或许是天无绝人之路，危急时刻华为收到了一笔货款。

公司管理层立即召开会议，研究这笔货款怎么用，任正非当时也犹豫不决，而刚入职不久的孙亚芳站了出来，说："先发放员工的工资再说。"

等待了几个月的员工领到了拖欠已久的工资，工作干劲也立刻出现了转变，新产品很快就研制出来，华为也因此顺利地走出了困境。

如果说任正非崇尚均衡和灰度，那么孙亚芳总能适时地从中调和公司中的白与黑，将任正非的思想付诸实践，实现经营与管理、人与事的完美均衡。或者说，孙亚芳是任正非管理思想的强力执行者和及时制衡者，被华为人誉为华为的"国务卿"。

华为"左非右芳"合作至今已长达18年，几乎在华为每一个生死攸关的重大关头，孙亚芳都发挥出了重要影响力。尤其是孙亚芳对任正非思想的理解，在华为公司恐怕无出其右者。1998年，孙亚芳在给任正非的一份报告中提出："一、知识经济时代，社会财富的创造方式发生变化，主要由知识和管理创造，所以要体制创新；二、要让有个人成就欲望者成为英雄，要让有社会责任的人成为管理者；三、一个企业长治久安的基础是接班人承认公司核心价值观，并且具有自我批判能力。"以上，这些观点得到了任正非的认同，被任正非引用在《华为的红旗到底能打多久》一文中。

1995年，孙亚芳率领市场部集体大辞职，可以说这次事件掀起了华为管理体系的一次大地震，即便多年以后，仍被华为人津津乐道。当时，孙亚芳率领26名办事处主任同时向公司递交了两份报告，一份是述职报告，一份是辞职报告，由公司视改革后人力需要，决定接受哪一封。任正非称："我只会在一份报告上签字。"

就在许多竞争对手认为华为在"作秀"时，最终6名地方办事处主任被置换，一批新员工通过竞争走上了领导岗位，市场系30%员工下岗。这次运动也在华为内部引发了一场关于员工怎样跟随公司发展、干部能上能下的大讨论。

任正非宣布孙亚芳就任公司董事长时说："孙亚芳的最大功绩是建立了华为的市场营销体系。"华为的市场营销体系，为华为的快速发展，奠定了坚实的基础。而孙亚芳的另一大成就，就是为华为建立起了人力资源体系。而这两项，可以说是华为得以发展的生命线。

拓展解析

对于企业人力资源管理而言，识大体、弃细务，凡事绝不能事必躬亲，以不能为能，才能成为一个好领导。作为企业领导，可以什么都不会，只要能用好人，就可以了，而这也是企业领导必备的素质。

"知人为君道，知事为臣道"，作为企业领导者，一定要明白其中的道理，不要亲自去负责具体事物，只有这样，才能成为优秀的企业领导者。华为总裁任正非，深谙其道，做了一名称职的"甩手掌柜"，专心为华为发展制定战略，这也成就了华为这辆战车在世界舞台上的惊人战斗力。

人与职的匹配理念

任正非说

各职类工资定位，既要参照各职类公司同行业市场的工资水准，也要适当综合考虑其他公司对公司战略实施和业务开展的价值，不同职类的员工工资水准要有一定的内部均衡与和谐。

人职匹配理念是华为人力资源管理的又一特色，在华为员工工资管理规定中就明确指出，员工工资的确定基于其所承担的职位责任、实际贡献的大小和实现持续性贡献的任职能力。员工的学历、工龄、社会支撑等，都不再成为华为确定员工工资的要素。

许多企业热衷于引进国外先进的管理方法和工具，却没有对管理模型的功能定位、内在机理、作用条件等进行深入理解，只求所有，不求所用，因此也就无法做到华为那样，引进国外先进管理体系的同时，秉承"先僵化，后优化，再固化"的基本原则，必然导致机会主义的结果。

不能将引进的管理模型有机地嵌入企业人力资源管理体系中，只作为一个孤立的管理工具挂于管理体系之外，管理模型得不到其他管理模块的支持，那么这种管理模型在人力资源管理中的作用，也就可想而知了。许多企业耗费大量人力、财力构建起的人力资源管理模型，最后却只能成为招聘中的一个辅助工具。

华为人职匹配的管理实践告诉我们，通过在企业内部建立完善的任职资格管理体系，并将素质模型纳入人力资源管理体系，既有效地弥补了素质模型自身的缺点，又将任职资格管理体系与人力资源管理体系紧密对接，使得两者真正成为人力资源管理与开发的有效工具。下面让我们来探讨一下华为的任职资格管理体系。

任职资格管理体系是人职匹配理念能够落到实处的重要手段，也是人力资源管理中的重要环节，它不仅与人力资源管理战略密切相关，还与员工招聘录用、薪酬管理、绩效管理、员工职业生涯设计及员工培训等人力资源其他板块紧密联系，提供了基础性依据。

任职资格管理是包含了许多子系统的复合系统，而它本身又属于人力资源管理的子体系，而且它对企业文化、企业核心竞争力、员工职业化以至企业战略，都有着重要的影响，也是企业员工真正走向职业化的重要管理体系。具体包括以下几个方面：

1. 任职资格与招聘录用。任职资格管理体系可以为企业招聘和录用员工提供准入标准，也就是说，企业招聘录用的员工需要具备哪些基本素质和专业技能，企业应该从哪些方面对新员工进行考核，考核所依据的标准是什么。任职资格管理在招聘录用员工方面，为企业提供了参照系，保证了新录用员工的人职匹配。

2. 任职资格与绩效管理。绩效指标设计必须参考任职资格的能力标准，并借鉴任职资格的行为标准，从而使员工绩效指标与职位特征相符合，从而保证绩效考核的科学性与合理性。

3. 任职资格与薪酬管理。任职资格为企业薪酬管理提供了基础性支持，也就是说，任职资格为员工在每个职位所作出的贡献及价值比较，提供了科学的依据，企业依次来考量员工的人职匹配度，决定员工薪酬的升降及奖金等福利的发放，从而使得薪酬更具有实效性和激励性。

4. 任职资格与员工职业生涯。任职资格管理有助于员工职业生涯管理明晰化，任职资格既能体现员工的现实能力，也能体现员工实现个人发展愿望所必须具有的潜在能力，为企业员工职业生涯设计，提供参照依据。

5. 任职资格与员工培训。任职资格管理可以为员工培训提供方向性支持，掌握员工现有水准和将要达到的目标水准是员工培训的首要前提，掌握了这个前提才能有针对性地对员工进行培训和提高培训，任职资格是了解员工现有水平和目标水平的良好途径。

6. 任职资格与员工晋升。人职匹配就是要让合适的人到合适的岗位上去，做到人尽其才，才尽其用。任职资格管理为企业员工选拔和晋升，提供了资格标准和考核标准，确保得到晋升的员工的个人能力与职位要求相匹配。

7. 任职资格与员工职业化。员工职业化指的是员工能够自觉地将个人发展与企业发展相结合，以企业发展带动个人发展，将个人价值观向企业价值观靠拢，用企业整体价值观指导个人价值观。任职资格管理可以推动有能力的员工不断提高自身水平，激励员工不断提高自身职位胜任能力，牵引员工终生学习和持续改进，进而保持企业的良性发展。

拓展解析

华为人职匹配理念落地基于华为的任职资格管理制度，任职资格管理源于英国国家职业资格制度（NVQ）。华为于1998年正式引进NVQ，并在部分职类上试行。2001年开始，华为将认证结果与人力资源其他模块组合，成功地将国外国家职业资格体系改造成企业任职资格体系。

将企业文化融入人力资源管理中

任正非说

我们通过玩命把企业做大了，一旦企业做大，文化变质了。大家都觉得公司亏待自己了，都觉得公司工资给少了，股份给少了，晋升得慢了。我们发现很多好端端的企业，眼见楼塌了，这就是文化出问题了。

任正非指出，资源是会枯竭的，唯有文化才会生生不息。近年来，外界对华为“狼文化”“床垫文化”的研究和理解也都观点不一。那么，华为的企业文化，究竟是什么呢？华为总裁任正非对华为企业文化的解释是：“华为文化是包容性的洋葱头，不断地吸纳别人优秀的文化，把自己的文化做大做强；华为文化是《可可西里》的电影和残疾人表演《千手观音》，归纳为八个字：‘追求完美，无私奉献’，这就是华为主张的文化。”

企业文化是由企业价值观、信念、仪式、符号、处事方式等组成的特有文化形象，是现阶段企业员工所普遍认同并自觉遵循的一系列理念及行为方式的总和，表现为企业使命、愿景、价值观、管理模式、行为准则、道德规范和沿袭的传统与习惯等，在企业人力资源管理过程中，发挥着重要的作用。

企业通过文化建设，形成一套适合自身发展战略的文化体系，并得到广大员工认同，就能有效发挥文化的导向、约束、凝聚、激励、调节、辐射等作用，最大程度实现多层面的自主管理，这也是当前世界许多企业所采用的一种现代人力资源管理方式。

过去，企业传统管理模式强调命令和服从，现代企业管理模式强调文化驱动、影响和激励。从根本上调动员工的工作积极性和创造性，激发员工整体意识是国内外许多优秀企业得以生存和发展的先决条件，而企业的文化建设必须围绕“重视人的价值”这个核心点来进行。

企业文化建设就是建立一个思想统一的平台，权利再分配的基础就是公司的企业文化，如果前几年在未达成企业文化共识时就实施权利下放，华为公司早就分崩离析了。

——引自《坚定不移地推行ISO9000》(1997)

多数企业都追求利润最大化，华为与国内多数企业不同，而是将利润保持在一个合理的尺度上。2003年，华为开始尝试建立EMT（执行管理团队），开始了CEO轮值制度，每位CEO轮值期为6个月，公司决策由集体做出，避免了个人过分偏执带来的公司僵化，规避意外风险为公司运作带来的不确定性，保证了公司各方面的均衡成长。

子曰：“道之以德，齐之以礼，有耻且格。”华为早在创业之初，任正非就将“成为世界级领先企业”列入“华为公司核心价值观”。当时，华为公司核心价值观的第一条就是“解决华为公司追求什么”，而这也成为华为所有员工为之上下齐心、不懈奋斗的原因。

华为坚持以客户为先之道，信守对客户、合作伙伴及社会的承诺，积极承担企业社会责任，赢得客户和公众的信赖。对内部人力资源管理方面，华为更是如此。老子曰：“贵以贱为本，高以下为基。”华为建立了华为大学，服务于华为整体战略。传承华为核心价值观、管理哲学、华为文化是华为大学的重要使命。

华为创始人、总裁任正非在公司各种场合，多次引用毛泽东军事思想和理论，《毛泽东选集》是任正非百读不厌的书，可以说在管理中，任正非将毛泽东思想运用到了极致，英国权威杂志《经济学人》为此专门撰文进行讨论。1998年，华为出台了《华为公司基本法》，采用法律条文书写形式，是我国第一家完整系统地对文化和价值观进行总结的企业，对我国企业文化建设，起到了极大的推动作用。

拓展解析

企业文化在现代企业人力资源管理过程中起到的作用越来越大，在华为公司的成长过程中，企业文化成功将员工的价值理念和行为方式与公司核心理念统一在一起，为了共同的目标而奋斗。这也说明，企业战略需要企业文化来推动全体员工积极有效地贯彻执行才能更好地完成。

企业文化目前已经成为企业战略实施的行为导向，而且具有独特的激励作用和约束力，在企业管理的方方面面扮演着导师的作用。培训作为人力资源管理的关键环节，需要将企业所坚持的文化及价值观传达给员工，并且要贯穿于整个培训过程之中，这也是塑造企业价值观的关键步骤。

企业文化的打造必须符合企业自身发展战略的要求，与企业战略相互适应和协调。对于尚未进行战略规划的企业而言，作为日后制定企业发展战略及文化管理的基本根据，将企业文化融入人力资源管理体系中去是首要解决的问题。

核心文化，打造狼性团队

任正非说 **唯有坚定不移地砍掉各自多余的脑和手脚，减少冲突，各谋其位，各司其职，才能形成攻无不克、战无不胜的狼性团队。**

目前，国内许多企业为了保证能够在激烈的市场竞争中存活下来，越来越重视企业文化的打造，尤其是倡导狼性文化的企业越来越多，期望这种狼性文化能够激励员工在工作中表现出狼的拼搏精神，遇到困难可以团结协作、勇于克服。

我国将狼性文化打造到极致的民营企业无疑要属华为公司，许多企业也纷纷效仿，然而事实却是只学了其形而不得其神，空弄得管理层一腔热血，而员工则依然我行我素，事不关己，高高挂起。反观华为，企业文化并非是人力资源管理的目的，只是达到企业目标的工具之一，华为的成功并不是因为华为建立了狼性文化，而是通过企业核心文化，打造出了一支狼性团队。

我们把目标瞄准世界上最强的竞争对手，不断靠拢并超越他，才能生存下去。因此公司在研发、市场系统必须建立一个适应狼生存发展的组织和机制，吸引、培养大量具有强烈求胜欲的进攻型、扩张型干部，激励他们像狼一样嗅觉敏锐，团结作战，不顾一切地捕捉机会，扩张产品和市场。

——引自《建设一个适应企业生存发展的组织和机制》(1997)

任正非指出，华为坚持的狼文化主要体现在以下3个方面：

1. 设计感，危机感，远见、视野。

2. 奋斗精神、进攻精神。

3. 团队凝聚力。

团队群体作战，"胜则举杯相庆，败则拼死相救"是华为狼文化的核心。任正非强调，团队的凝聚力什么时候都不能减弱，一旦减弱了，企业走下坡路是非常迅速的，甚至是瞬间的。狼群中的老狼不能老，尤其是中、高层管理人员，要有随时准备战斗的状态。任正非正是华为最大的狼王，即便已经70岁，但始终保持战斗的激情，时刻都处于战斗状态。

华为强调，这是一个群体奋斗、群体成功的时代，群体奋斗要有良好的心理素质，别人干得好，我们为他高兴，别人干得不好，我们要帮帮他，这便是群体意识。要保证团队集体奋斗，就要从制度上将"胜则举杯相庆，败则拼死相救"的传统巩固下来，从激励制度上保证后方支持团队与前方作战团队以及协同作战的团队一起分享胜利果实。

为什么许多效仿华为狼性文化的企业难以取得成功？实质上，华为真正的文化核心是群体奋斗，并以此为基础打造出了一支持续战斗的狼性团队。并且，华为用各种激励制度将团队的狼性保持并继承下来，为团队成员构筑起一个宽松的奋斗环境，这样在机会出现的时候，自然就会有一批领袖站出来，去争夺市场先机。

利比亚战乱发生时，中国侨民都撤了，但华为的员工却没有撤。华为没有撤的原因有两个：首先，现代战争是精准打击，只要躲开军事要地、政府要地，其他地区是相对安全的；其次，越面临动乱、战争、地震、水灾等，客户越希望有安全的通信保障，此时要跟客户共命运。

为此，在利比亚战争爆发前，华为将利比亚的员工撤到了埃及，聘请台湾心理学大师为员工做了心理测试，有问题的撤回，健康的都回到了利比亚。回到利比亚的员工全部升职、加薪，战争结束之后，华为几乎拿到了利比亚国家全部的合同。这次事件，是华为狼性文化的典型体现，在利比亚战争期间，坚持在那里奋斗的也多是“80后”中国和当地年轻员工。

这也说明，企业文化搭建的关键是，必须要有能够有效激发个人欲望和团队欲望，并适当控制欲望的机制和制度。华为的狼文化从员工进入公司第一天，就已经开始逐渐形成了，华为在员工培训投入方面非常可观，而华为的这种做法也被诟病为“洗脑”。如果一个人的梦想和荣耀能够被重新点燃，成就一份伟大，这样的做法有什么不好吗？华为在20世纪末，向狼群一样席卷了国内市场，扑向竞争对手，在生死存亡的边缘顽强战斗，一次次活下来，一次次变得更加强大。

拓展解析

对于任何一家有狼文化情节的公司而言，必须要明白，狼文化不只是一种标签，更是一种哲学，忽略本质只会适得其反。因此，提倡狼文化的公司很多，但做到极致的只有华为。这与企业核心价值观和人力资源管理体系搭建有着直接关系，也与企业领导者思维模式紧密相连。

换句话说，如果企业领导者是一只猫、一只鹰，非要组建一支由狼组成的团队，结果可想而知。华为的狼文化得以推动华为不断向前，归根结底是因为华为创始人任正非本身就是一头狼王，企业创立之初，他就建立了以奋斗者为核心的企业文化。

因此，一味模仿华为的狼文化并不是明智之举，最应该借鉴的是华为不断变革的人力资源管理制度，无论是什么样的企业文化，用制度落实下来才是根本。企业文化如何落地生根？华为成立了一个荣誉部，荣誉部只做三件事：第一，发奖状，每个业务领域都可以申报，一张平淡无奇的奖状会变成大排档上一帮同事的整晚狂欢；第二，报道先进典型，报道对象往往是普通的员工，普通的华为英雄；第三，专家辅导，华为请的专家都是令人肃然起敬的退休老专家，这些老一辈人一生积累下来的智慧，总能让年轻人豁然开朗。

狼文化实质上并不重要，重要的是，华为通过“以奋斗者为本”打造了一直狼性团队，这也是很多公司学华为，却没能学会的主要原因。华为组织文化历经发展沿革，经过了多次提炼和升华，有历史环境的原因，也有个人的烙印，有独到性，也有局限性，但对于创业期的企业而言，批判性学习和选择性借鉴华为的组织文化，必将受益匪浅。

第六章

华为卓越的绩效管理制度

华为认为，绩效管理不是简单地给出一个绩效考核结果，而是要围绕业务进步、业绩提高展开，将绩效评价体系变成一个管理的过程，而不是单纯地追求绩效考核结果本身。管理者的使命是使目标达成，有技巧地告诉员工他的差距所在，并使员工与企业共同成长。

华为绩效管理机制

任正非说 **我们坚持责任结果导向的考评制度，对达不到任职目标的，要实行降职、免职，以及辞退的处分。市场的竞争会更加激烈，公司不可能是常胜将军，我们无力袒护臃肿的机构，以及不称职的干部。**

华为公司自成立至今，在世界通信领域取得了优异的成绩，很大程度上得益于它的绩效激励制度。企业价值链是华为的人力资源体系建立的基础，当然华为的绩效管理也是建立在价值链这个基础之上的。

华为今天所取得的成绩告诉我们，绩效考核的目的绝不简单是为了完成KPI，而是要以提高员工素质与能力，组建一支庞大的高素质、高度团结的战斗队伍为目的，创造一种自我激励和自我约束的机制。

一定要打倒烦琐的人力资源考核，大家想想每一个基层员工要填多少表格。有些主管因为看不到员工在身边，就让员工填很多表格，比如市场的工作日志，这是可以理解的。而有些主管管的人不多，还叫这些人每天填工作日志，就有些高成本了。我觉得，如果为了这填表格，就是走形式主义，是浪费人力。我非常同意你的话，而且要把这话传到人力资源部，我们一定要打倒烦琐的考核机制。考核的目的，是为了促进业务成功，为考核而考核不值得。

——引自《任正非在PSST体系干部大会上的讲话》（2008）

绩效管理是人力资源的核心职能，绩效管理制度化有助于企业有效提高员工积极性和公司的生产效率，保证公司目标顺利达成，提高公司竞争力，因此将绩效管理制度化不仅是人力资源管理的核心保障，也是公司管理体系的重要组成部分。

绩效管理在人力资源管理中最大的作用就是激励作用，而对人的激励，需要从动机开始。只有先了解员工需要什么，人的动机都有哪些特点，才能更好地发挥绩效管理在企业中的激励作用，为企业吸引优秀人才，提高员工绩效，并为组织留住人才。

公平、公正、公开是绩效考核的基本原则，能否做到这一点，就要看企业管理者的能力及企业绩效考核的体系是否科学。绩效考核的内容包含工作态度、工作能力、工作业绩、管理能力等诸多因素，华为的业绩考核与阿里巴巴的业绩考核工作一样，这些能力只占了考核的一部分，另外还包括员工潜能、素质、品德等软性能力。

华为前期的绩效管理，也曾用到像计分卡等一些绩效管理工具，这种绩效管理有相对统一的考核周期、比例要求，最后得出一个相对统一的结果应用，这种整齐划一的管理方式，实现了华为指哪儿打哪儿的通畅管理。

随着华为业务在全世界的扩张，华为逐渐从追赶者、跟随者的角色，变成了行业的领跑者。扮演追赶者的角色，前面有人引路，企业只需要根据领跑企业发展计划制订出自己的计划就可以了。当华为成为领跑者的时候，原本的绩效管理方法，首先在高层管理上就出现了一些问题，那就是高层管理者目标不够宏大。

作为华为的掌舵人，任正非显然早已意识到了这一点，因此他不止一次指出，华为要为培养战略家提供土壤。所以，华为的绩效管理也随之出现了变化，摒弃了年终考核，过去统一要求的内容，现在根据管理者的不同层级，分别采用不同的考核周期、考核方式、考核内容及考核应用，高层管理者更注重于中长期目标的关注。

变革却不盲目创新，是华为人力资源管理体系推动企业发展的最大特色，这对于那些动不动就大谈创新的企业而言，非常具有借鉴意义。用任正非的话说，我们没有创新的成本，华为一直在做的就是不断地微调。对于一个发展中的企业而言，企业管理体系已经成型，盲目创新很容易将企业推入深渊，此类的例子也不胜枚举。不创新并不意味着因循守旧，根据自身管理体系及市场变化，不断调整企业自身绩效管理机制来适应企业自身及市场发展才是硬道理。

拓展解析·

华为绩效管理体现出的最直观表现就是减人、增效、加薪。通常，许多企业都是给下属安排任务，华为的做法恰恰相反，那就是先给员工一个工资包，员工想拿多少工资，就按比例倒推出他的任务。例如，员工想要拿30万的工资，那么他必然就会为这30万想尽办法完成绩效。

对于企业而言，员工钱多却没时间花，这个企业一定处于强势发展期。反之，一个企业员工工资很低，却整天没事干，那么这个企业的业绩一定好不到哪儿去，显然华为就属于前者。绩效管理的核心问题是，怎样让它成为人力资源管理体系的心脏，然后驱动整个企业生命力的蓬勃向上。

公司绩效越差就越不给员工涨工资，是企业绩效管理最低级的错误，长此以往，优秀员工都跳槽了，留下来的都是比较差的员工，部门绩效就会越来越差，从而进入恶性循环。善用薪酬倒推任务，是绩效管理的重要应用，虽然许多中小企业无法做到华为那样的高报酬，但可以从核心员工开始，保证核心员工不会流失，带动整个部门的业绩提升。

华为不养闲人，这也是一个企业发展的最好状态。比如，四个人的活两个人干，然后每个人就能拿三倍的工资。而这就是绩效管理的减人增效。因此，华为人力资源部经常在定招聘需求时，一定会先搞明白几个问题：为什么要招这个人？他的独特贡献是什么？能不能把这个岗位给别人做，给别人加点工资？

怎样让绩效管理发挥作用

任正非说 **前二十年华为公司怕不平衡，后二十年华为公司怕平衡，要把奖励和机会向成功者、奋斗者、业绩优秀者倾斜，大胆倾斜。我们要拉开差距，后进者就有了奋斗的方向和动力，组织才会被激活。**

华为绩效管理强调按价值贡献，拉大人才之间的差距，给火车头加满油，这样才能让华为这辆列车跑得更快。或者说，华为的绩效管理机制之所以能够起到激励员工、提高员工工作绩效的作用，用四个字来概括就是“优胜劣汰”。用任正非的话说就是，华为不养懒汉，价值分配更多地向雷锋、向高绩效者倾斜，拉开先进与后进员工之间的薪酬差距，通过这种差距，激励后进员工努力奋斗。

目前，许多企业都开始实行绩效管理，制定了绩效考核制度，但事实上却出现了这种情况：员工工作积极性原本还不错，但经过绩效考核，员工积极性反而大大降低了。为什么会出现这种“负激励”的情况呢？

第一种原因是，员工绩效考核优异时给予表扬等精神奖励，工作出现差错立即扣钱，这也是我国民营企业引进绩效管理后管理者常用的手段，自认为很聪明的方式大大强化了“负激励”的作用；第二种原因是，人力资源做出的绩效管理方案得不到员工的认同，一味追求量化考核，重要但难以量化的工作没有纳入绩效管理体系。

提高人的效益，我不太赞成降薪这个措施，因为这个措施是培养懒汉的。我赞成下一步我们的奖金激励机制要更多向那些创造绩效的员工倾斜。差距是动力，没有温差就没有风，没有水位差就没有流水。什么是公平，如果用铲子把青藏高原、喜马拉雅山铲成与华北平原一样平平的，一毫米高度差都没有，那我告诉你就全是臭水沟，水都不流了。我支持减员，我支持把不好的员工辞掉，换进来一些优秀的员工。当然，如果我们支撑不了公司的效益了，还是要降薪。我们今年的考核机制变了，是五级考核制，D没年终奖，C的年终奖可能没有或很少。

——引自任正非于2009年3月25日在后备干部总队例会上的讲话

华为能够充分发挥绩效管理的作用，归根结底在于华为的管理者抓住了绩效管理的本质，就是无论什么样的绩效管理办法，都围绕着激发员工工作动力、提高员工工作绩效这个目的来展开。一旦背离了这一目的，再完善的绩效管理制度也不会发挥任何实质性作用，甚至还会起到反作用。

许多企业的管理者都想通过绩效考核，全方位评价员工，做到滴水不漏。虽然想法是好的，但全方位考核得出的结论往往是老好人得分最高，慢慢地全公司员工最后都变成了老好人。华为总裁任正非指出，想要通过三百六十度无死角找人，企业是会完蛋的。

任正非说，别指望公司会有完人，什么是完人？刚出生的小孩就是完人，无所作为的人就是完人，华为不需要完人，华为只需要能做出贡献的人。而这，也道出了华为绩效管理之所以能发挥巨大作用的真谛。

同时，许多企业管理者将加班也纳入绩效考核中，认为加班越多的人越好，应该给高分。但华为认为，有的员工不加班，但绩效很好，说明他潜力大，应该多给他加担子，而不是打击他。华为认为，绩效考核不是为了找缺点，但有些企业管理者认为只有找到员工的缺点才算成功，甚至将其缺点和问题放大，最后将员工打倒。而华为的原则是，任何一种管理办法都不能伤害到优秀的奋斗者，即便是那些不听话的奋斗者，只要有贡献，就应该得到激励。

余承东是出了名的“大嘴巴”，他喜欢把企业中的问题和毛病用大喇叭的方式喊出来，这让很多人颜面扫地，而且喜欢“吹牛”，把别人不敢想的事情吹得天花乱坠，而且还喜欢跟老板叫板，敢于得罪任何人……如果按照其他企业的绩效评价标准，余承东都不可能得高分，更别说提拔重用了。但华为坚决使用这样的“歪瓜裂枣”，即便在余承东初掌移动终端时，针对运营商的一系列举措让业绩短时间下滑，也没有把他拿下，而是坚持相信他。最终，华为手机在余承东的带领下一飞冲天，成为全球前三，中国第一。而这样的例子，在华为比比皆是。

华为对绩效考核结果的执行，有着完备的制度支撑，将考核结果与个人利益紧密关联起来，如完不成承诺，整个团队将面临如下境遇：

1. 主管降职或免职，强调理由的免职，指责别人的罪加一等。

2. 被处分的干部一年内不得提拔，更不能跨部门提拔。

3. 副职不能提拔为正职。

4. 冻结本部门下一年度调薪。

5. 从该部门调出的降职使用。

所以，我们看到，绩效管理只有在详尽的规范制度之下，才能打造出齐心协力的团队，提升业绩，企业也才能最终获得发展。

拓展解析

华为在绩效管理方面，始终坚持“简单、实用、高效”的方法论，并没有采用多么先进的理论模型，摒弃了复杂的方法论，一切以业绩结果为评估标准，坚持使用“歪瓜裂枣”。任正非说，歪瓜裂枣看起来并不完美，但它们很甜，可以给企业带来业绩上的突破。

有些企业管理者拿着僵化的文件，有的员工业绩很好，但条款不符合，就机械地将这类员工狠狠地打击，这种做法不仅是错误的，对企业发展也是致命的。企业应该给予有使命感、为企业冲锋的人高薪。

制度是严格的，但执行要灵活，不能死板，管理人员要敢于为那些有缺点的优秀员工说话。当制度与部门主管的判断发生冲突时，应该服从部门决策，而不是死板地遵循制度。任正非指出，绩效管理要在公司价值观和导向指引下，基于政策和制度，各级管理团队实事求是、非僵化地执行、落实和操作，并对执行结果承担责任，并在过程中不断优化。

华为卓有成效的绩效考核机制

任正非说：在进行绩效考核时，要以提高客户满意度为目标，建立以责任结果为导向的价值评价体系，而不能以能力为导向。

华为自1998年出台了《华为公司基本法》后，就确立了以客户需求为导向的企业核心价值观，并逐步形成一种绩效文化，绩效文化对员工起到了强有力的推动作用，让华为的业绩迅速攀升，华为也逐渐形成了以责任结果为导向的绩效考核体系。

邓小平同志曾经说过："制度好可以使坏人无法任意横行，制度不好可以使好人无法充分做好事，甚至会走向反面。"对于企业而言，建立科学的绩效考核制度不仅可以更好地分配利益，还能充分调动员工工作积极性，提升企业业绩。

不服从分配就是麻雀了，就是小奋斗者。你还把他当鸿雁配股？这就是干部管理错误。麻雀和鸿雁就是不一样。麻雀你给他那么多粮食，他飞起来也提不动。你给他们分那么多钱，就是你考核机制有问题。他不愿意服从分配就是麻雀，为什么不允许麻雀生存呢？奋斗者中也有麻雀，奋斗者边缘化一些就是麻雀。你不要以为申请成为奋斗者，就永远是奋斗者了。

——引自2011年4月14日任正非内部座谈会讲话

绩效考核要确定谁是奉献者，谁是偷懒者，明确每一个人的价值贡献，绩效考核最大的优点就在于评价的关键从由人评价人转向由制度评价人。企业想要打造一套科学合理的绩效考核体系，就必须保证分配的公正、公开，给予不同价值贡献者不同的回报，通过合理的回报体系激励员工价值创造的行为。

评价一个人，提拔一个人，不能仅仅看素质这个软标准，还要客观地看绩效和结果。德的评价跟领导的个人喜好和对事物认知的局限性有很大关系。绩效和结果是实实在在的，是客观的。所有高层干部，都是有职责和结果要求的，在有结果的情况下，再看你怎么做的，关键行为中是否表现出你有的高素质。

——引自《任正非在人力资源大会精神传达会议讲话纪要》（2002）

华为的绩效考核制度也经历了不断发展变革的过程，在1995～1997年，华为的考核作为一个单一的过程，主要考核内容包括工作态度、能力和业绩三个方面，首先在市场部试行，目的是为了强化管理意识、推动管理观念的普及和提高管理水平。

1998～2001年，华为将考核作为绩效评价的工具，考核内容以绩效为中心，目的在于强化成果导向，推动员工务实、作实，不断提高工作水平，这个阶段也是华为绩效考核的优化阶段。

2002年至今，华为将绩效考核以目标为导向，绩效考核成了人力资源管理的过程，增加跨部门团队考核新内容，推动员工在目标指引下的自我管理，形成自我激励和约束机制，不断提高工作效率。

企业人力资源管理过程中，绩效考核难，职能部门的绩效考核更难。

小孙刚到华为时，负责招聘工作的他并没有体验过真正的绩效考核，招聘成功率及新聘员工离职率等指标都不会出现在小孙的工作范围内，小孙对定性的考核指标也几乎漠不关心。

但是，这个看似对小孙有利的工作状态，他却十分不满意，原来小孙和同事的升值及奖金似乎都是按照上司的心情来定的，他们也渴望与业务部门一样能够拿到一张清晰的绩效考核单。不断变革中的华为绩效管理制度很快就实现了小孙的愿望。自2001年后，小孙发现他的工作指标越来越细化了，任务书中开始有了对工作任务的清晰描述。

2006年3月，小孙拿到了3项考核指标，分别是：

1. 满足公司某研发部门新产品研发人手不足的需求。

2. 完成人力资源管理工作。

3. 完成对某销售部门新进员工的入职培训。

从这3项指标可以看出，它们都是从不同角度为小孙而设置的，第1项指标是从公司目标角度自上而下往下分解、支撑公司战略，为协助公司新业务的发展，人力资源部必须提供人员数量、质量支持，人员是否按时到位？新聘员工素质是否符合业务需求？新聘员工会否在短时间内离职？……这些都将成为小孙业绩考核的关键指标。

第2项指标基于岗位职责，小孙说这里会细分出很多量化的指标来，包括公司人力资源信息定时上报、人力资源管理成本削减，等等。

第3项指标是基于流程或客户。小孙说，如果不能及时完成对新员工的入职培训，就会影响销售部门的市场销售业绩。“招聘成功率”和“新聘员工的离职率”代替了原来的“是否招到人”和“招到几个人”的考核项目。

不恰当的绩效考核方法会导致干得越多、工作越努力的员工，会因为失误也相对较多，最终绩效考核结果反而越差。这种绩效考核会让企业人力资源管理走入死胡同。从华为绩效考核体系发展历程来看，从单一考核形式到形成绩效管理体系，一直都是华为在发展中变革，从变革中谋求发展，这点是许多企业值得借鉴的。

华为目前的绩效管理体系值得借鉴之处，总结起来主要有以下几点：

1. 构建多层次评价体系。
2. 以KPI为核心的绩效指标体系。
3. 绩效指标体系化和数量化。
4. 强调个人绩效承诺，注重绩效改进和辅导。
5. 从人评人，到制度评人。
6. 强制分布的系统管理。

拓展解析

企业想要达到绩效管理的目标，没有稳固的战略支撑，关键绩效领域和关键绩效指标也就成了无源之水，因此，明确的战略目标是企业绩效管理有效实施的基础。华为认为，绩效管理就是管理者与员工的双赢，华为绩效管理主要从四大领域展开，具体内容见下表：

绩效管理四大领域	管理者的作用	管理者的能力
活动领域	1．保证员工有任务； 2．按要求标准做； 3．在规定时间内完成； 4．工作趋于熟练化。	1．分析任务的要求和员工能力； 2．分析个人能否达到工作要求； 3．向员工阐明任务要求，必要时传授具体知识和技能； 4．检查工作过程，基于支持，评价最后结果。
绩效领域	1．保证目前绩效令人满意； 2．分析绩效下降原因； 3．激发员工提高自身技能水平的动机； 4．为员工学习和发展创造机会。	1．明确规定你所期望的员工应该达到的绩效水平； 2．诊断员工在绩效上出现问题的原因； 3．提供支持与适度挑战，使员工得到学习； 4．与员工一起总结经验，获得最大收益。
职业领域	1．挖掘员工个人职业发展潜力； 2．对员工职业生涯抉择提出建议； 3．帮助员工做出最适当的选择； 4．支持员工达到预期目的。	1．了解员工内在需求和动机； 2．现实地评价其职业发展愿望与自身能力是否相称； 3．在本组织内和广阔的就业市场中，为他们的职业生涯发展设计最佳途径和制定实现谋略。
生活领域	1．弄清楚问题的实质及对员工个人和组织绩效的影响； 2．协调员工个人与组织的利益； 3．策划如何帮助员工达到预期生活目标的方案； 4．适当时，用感情表达方式表明对自己员工的支持。	1．倾听和了解员工需求； 2．弄清楚你所能提供的帮助边界； 3．让员工思考他们所面临的问题； 4．帮助员工找出自己认为处理这些问题的最佳办法。

华为认为绩效管理并不是简单的任务管理，而是一个循环的流程，如下图：

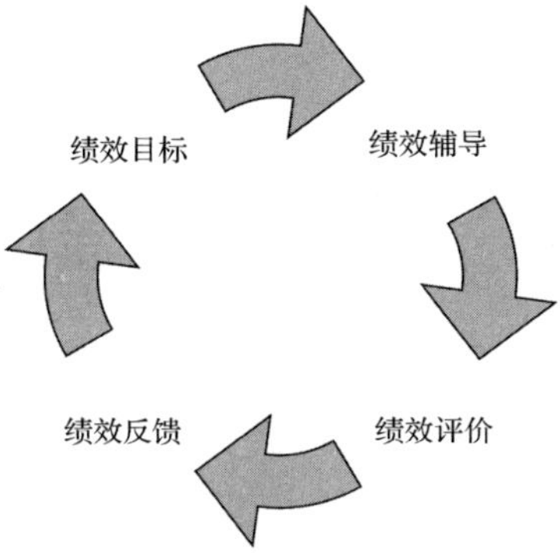

所谓将绩效管理看作是管理者与员工双赢的过程，实际上指的是就目标以及目标如何达成而达成共识，并使员工成功达到目标的一种管理方法。绩效管理不但强调结果导向，而且重视达到目标的过程。

实战链接：绩效管理与绩效考核范本

绩效管理与绩效考核制度（范本）：

第一章 总则

第一条 为加强公司对员工绩效管理和绩效考核工作，特制定本制度，绩效管理与绩效考核的目的在于：

1. 考察员工工作绩效；

2. 作为员工奖惩、调迁、薪酬、晋升、退职管理的依据；

3. 了解、评估员工工作态度与能力；

4. 员工培训与发展参考；

5. 促进员工不断提高和改进工作绩效。

第二条 绩效管理指的是上级为不断提高和改善下属员工职业能力与工作业绩所做的一系列管理活动。

第三条 绩效考核是指上级对下级工作结果进行定期的评估，是绩效管理的一个重要环节。

第四条　绩效管理与绩效考核是各级直线管理者不可推卸的责任，人力资源部负责指导、监督和提供技术支持。

第五条　员工绩效管理与绩效考核的档案，是公司重要人力资源管理基础性材料，必须妥善保管。

第六条　本制度规定的绩效管理与绩效考核对象，包括公司内所有正式签约员工；试用期人员考核不属于本制度范围。

第七条　本制度规定的绩效管理与绩效考核的责任主体是各职位的直接管理者，不采取全方位考核的方式，上级管理者拥有员工考核结果调整权。

第八条　各级管理者必须强化对绩效管理与绩效考核的观念，牢固树立绩效管理与绩效考核的责任意识，包括：

1. 员工业绩就是管理者的业绩；

2. 各级管理者是员工责任的最终承担者；

3. 不断提高和改善下属的职业能力和工作业绩是管理者不可推卸的责任；

4. 在绩效管理与绩效考核过程中，下属必须始终保持高度的参与性，各级管理者必须随时与下属进行沟通。

第九条　公司绩效考核指标坚持SMART原则，SMART原则主要包括：

1. Specific：指标要清晰、明确，让考核者与被考核者能够准确地理解目标；

2. Measurable：使考核指标量化、数字化，避免考核出现误差；

3. Attainable：考核目标具有可实现性；

4. Realist：考核具有实际性、现实性，而不是假设性的；

5. Time bound：目标、指标都要有时限性，要在规定的时间内完成，时间一到，就要看结果。

第二章 绩效管理与绩效考核的程序

第一条 绩效管理与绩效考核是一个循环往复的过程，基本流程如下：

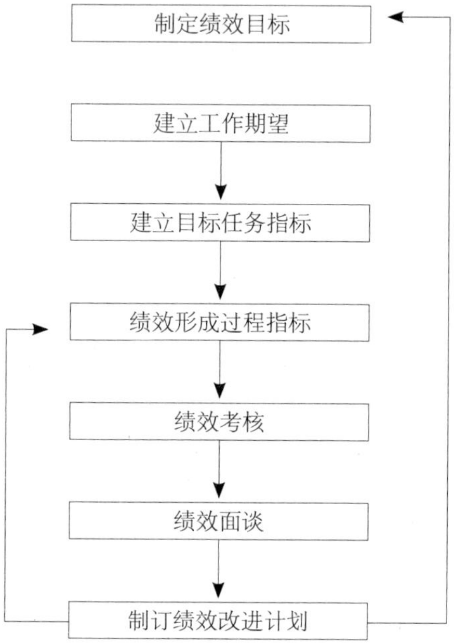

第二条 制定绩效目标。

1. 各级主管根据本年度公司对员工要求和期望，在与员工协商的基础上确定年度工作目标。

2. 部门负责人考核内容包括：

（1）部门量化指标：针对部门可以量化的关键业绩指标；

（2）部门非量化指标：针对部门不能量化但对公司和部门业绩形成

非常重要的指标；

（3）追加目标和任务考核：主要是对工作中的追加目标和任务的考核；

（以上部分权重为70%，参考值）

（4）工作行为与态度考核；

（此项权重为20%，参考值）

（5）管理行为考核；

（此项权重为10%，参考值）

（6）不良事故考核。

3. 其他具有管理职能职位的考核内容包括：

（1）指标性目标：可以定量衡量的考核目标；

（2）重点工作目标：不能量化，但是对完成工作非常重要的工作目标；

（3）追加目标和任务考核：主要是对工作中的追加目标和任务的考核；

（以上部分权重为70%，参考值，具体分配由各级考核责任人确定）

（4）工作行为与态度考核；

（此项权重为20%，参考值）

（5）管理行为考核；

（此项权重为10%，参考值）

（6）不良事故考核。

4. 非管理职能职位的考核内容包括：

（1）指标性目标：可以定量衡量的考核目标；

（2）重点工作目标：不能量化，但是对完成工作非常重要的工作目标；

（3）追加目标和任务考核：主要是对工作中的追加目标和任务的考核；

（以上部分权重为80%，参考值）

（4）工作行为与态度考核。

（此项权重为20%，参考值）

（5）不良事故考核。

5. 各级主管设定的目标填写到相应年度考核表中，并确定每项目标的权重；呈报上级主管认定后，统一交至人力资源部备案。

第三条 建立工作期望。

1. 为了确保员工在业绩形成过程中实现有效的自我控制，各级主管在填具考核表后，必须与所辖员工就考核表中的内容和标准进行沟通；

2. 沟通的基本内容包括：

（1）期望员工达到的业绩标准；

（2）衡量业绩的方法和手段；

（3）实现业绩的主要控制点；

（4）管理者在下属达成业绩过程中应提供的指导和帮助；

（5）出现意外情况的处理方式；

（6）员工个人发展与改进要点与指导等。

3. 在沟通的基础上，管理者与被管理者双方共同填写“目标任务指导书”。

第四条 管理者必须在下属绩效形成过程中予以有效指导，并把下属在业绩形成过程中存在的突出问题、良好的表现如实记录在“行为指导记录”中，以便为实施绩效管理积累客观依据。

第五条 各级主管在考核时，必须依据客观事实进行评价，尽量避免主观，同时做好评价记录，以便进行考核面谈。

第六条 考核结束后，各级主管必须与每一位下属进行考核面谈，面谈的主要目的为：

1. 肯定业绩，指出不足，为员工职业能力和工作业绩不断提高指明方向；

2. 讨论员工不足的原因，区分下属和管理者应承担的责任，以便形成双方共同认可的绩效改善点，并将其列入下年度绩效改进目标；

3. 员工与主管互动的过程中，确定下年度各项工作目标和目标任务指导书；

4. 如有必要，可修订年度“目标任务指导书”，但必须经过上一级主管同意后方可。

第七条 考核结果经上级主管核准后报人力资源部，以便进行必要的调整。

第八条 人力资源部在对各部门考核结果进行调整后，呈报总经理核准，并按核准后的考核结果执行。

第九条 考核资料必须严格管理，考核结束后人力资源部须将原始表格归入员工档案，个人及主管只能保留复印件。

第十条 任何员工对自己考核结果不满，可在一周内向上一级主管投诉，也可直接向人力资源部投诉。接到投诉的主管或人力资源部，在接到投诉后一周内，组织有关人员对投诉者进行再次评估。如投诉者对再次评估仍不满意，可以进入劳动争议处理程序。

第三章　考核结果的应用

第一条　本着公正、客观的原则，应用考核结果。

第二条　考核结果实行强迫分配，考核等级对应的分配比例见下表：

等级	等级A（优秀）	B（良好）	C（称职）	D（基本称职）	E（不称职）
标准	40%月基本薪酬	30%月基本薪酬	20%月基本薪酬	10%月基本薪酬	无
比率（%）	5	20	50	20	5

（基本薪酬＝基本工资＋绩效工资）

第三条　年度考核总分1000分，划分为五个等级，考核结果实行强迫分配，考核等级对应的分配比例见下表：

等级	等级A（优秀）	B（良好）	C（称职）	D（基本称职）	E（不称职）
标准	1月基本薪酬	80%月基本薪酬	60%月基本薪酬	50%月基本薪酬	无
比率（%）	5	20	50	20	5

第四条　不良事故考核根据相关不良事故造成不良后果的程度，划分为A（重大）、B（一般）、C（轻微）三个等级。

第五条　不良事故惩罚办法见下表：

等级／系列	A（重大）	B（一般）	C（轻微）
年薪制	不享受考核年薪和奖励年薪	扣除50%考核年薪和奖励年薪	扣除20%考核年薪和奖励年薪
等级薪酬	不享受月度奖金	扣除50%月度奖金	扣除20%月度奖金

（续表）

等级 系列	A（重大）	B（一般）	C（轻微）
销售支持	不享受月度奖金	扣除50%月度奖金	扣除20%月度奖金
直接销售	扣除当月提成	扣除当月70%提成	扣除当月30%提成
生产计件制	不享受年中或年终奖	扣除50%年中或年终奖	扣除20%年中或年终奖

第六条　具体不良事故条款及等级由各部门根据具体工作情况确定。

第七条　考核结果与员工利益的相关性表现在以下几个方面：

1. 月度奖金的分配；
2. 年度奖金的分配；
3. 绩效工资的确认；
4. 年薪上限的确认；
5. 晋级资格的确认；
6. 晋等资格的确认；
7. 晋职资格的确认；
8. 培训资格的确认；
9. 其他资格的确认。

第八条　等级工资制员工绩效工资实际支付与当月公司总体业绩完成情况以及员工月度考核成绩挂钩，考核等级和相应的绩效工资分配比例如下表：

绩效工资支付比例 公司总体业绩完成 等级	100%及以上	95%～99%	90%～94%	85%～89%	85%以下
不称职	80%	70%	60%	50%	50%

（续表）

绩效工资支付比例 \ 公司总体业绩完成 \ 等级	100%及以上	95%～99%	90%～94%	85%～89%	85%以下
基本称职	90%	75%	65%	55%	50%
称职	100%	80%	70%	60%	50%
良好	100%	90%	80%	70%	50%
优秀	100%	95%	90%	85%	50%

第九条　等级工资制员工月度考核成绩与月度奖金的关系为：

1. 月度考核不称职的员工，免月度奖；
2. 连续两次考核不称职者，警告；
3. 累积三次考核不称职者，辞退；
4. 其他考核等级的享受标准，参见《××公司等级薪酬管理制度》。

第十条：等级工资制员工年度考核成绩与年度奖金的关系为：

1. 年度考核不称职者，免年度奖；
2. 连续两年考核不称职者，辞退；
3. 其他考核等级的享受标准，见《××公司等级薪酬管理制度》。

第十一条　生产计件制员工奖金与工作行为态度考核、管理行为考核挂钩，一年考核两次，半年考核一次，根据额定的生产量，超额部分提取奖金总额，采取奖金分享方式进行分配，考核等级和相应的分配比例如下表：

等级	A（优秀）	B（良好）	C（称职）	D（基本称职）	E（不称职）
年中奖金	1月基本薪酬	70%月基本薪酬	60%月基本薪酬	50%月基本薪酬	无

（续表）

等级	A （优秀）	B （良好）	C （称职）	D （基本称职）	E （不称职）
年终奖金	2月基本薪酬	1.8月基本薪酬	1.5月基本薪酬	1月基本薪酬	无
比率（%）	5	20	50	20	5

第十二条 销售服务支持相关人员月度考核成绩的应用：

1. 销售服务支持相关人员的月度奖金根据考核结果确定，按月度发放，具体管理办法参照等级制员工管理办法执行。其支付水平略高于公司其他部门的平均水平。

2. 连续两次考核不称职者，警告；

3. 累积三次考核不称职者，辞退；

4. 其他考核等级的享受标准，参见《××公司营销薪酬管理制度》。

第十三条 销售服务支持相关人员年度奖金根据年度考核结果确定如下表：

等级	A （优秀）	B （良好）	C （称职）	D （基本称职）	E （不称职）
标准	2月基本薪酬	1.8月基本薪酬	1.5月基本薪酬	1月基本薪酬	无
比率（%）	5	20	50	20	5

第十四条 直接销售人员考核成绩的应用：

1. 建立不良事故考核机制，凡发生不良事故者，根据所发生的不良事故等级，对责任人进行相应处罚，具体细则另行规定；

2. 不良事故惩罚办法参见惩罚办法表。

第十五条 年薪制员工的季度考核：

1. 年薪制员工前三季度施行季度考核。

2. 季度考核总分1000分，划分为五个等级，如下表：

等级	等级A（优秀）	B（良好）	C（称职）	D（基本称职）	E（不称职）
考核系数	1	0.9	0.8	0.6	0.5

3. 连续两次考核不称职者，警告；

4. 全年累积三次考核不称职者，免职。

第十六条 年薪制员工年度考核成绩与考核年薪和奖励年薪确定的关系为：

1. 年度考核不称职者，免考核年薪；

2. 考核年薪根据年度考核系数修正，发放标准为：

年终发放额=(考核年薪—基本年薪)×考核系数

3. 奖励年薪（年终奖金）总额从当年超额利润中提取，在年度结束后，根据公司业绩和考核系数结果进行核定，具体计算办法为：

$$\text{各岗位奖励年薪}=\frac{\text{该岗位对比系数}\times\text{考核系数}}{\sum(\text{对比系数}\times\text{考核系数})}\times\text{奖励年薪总额}$$

4. 不良事故惩罚办法参惩罚办法表；

5. 其他享受标准，参见《××公司中高层管理人员薪酬管理制度》中考核年薪计算方法；

6. 考核成绩良好者，除享受上限年薪以外，还享受公司表彰；

7. 考核成绩优秀者，除享受上限年薪以外，还享受优秀经理人称号，并颁发董事长或总经理特别奖；

第十七条 享受等级薪酬制员工年度考核与晋级的关系为：

1. 年度考核不称职者，免晋级；

2. 年度考核等级为基本称职以上（含基本称职）者，可在本职等内晋升一级；

3. 年度考核成绩为优秀者，可在本职等内晋升两级；

4. 无论哪种晋级情况，如果在本职等内没有晋级空间，则不能晋级。

第十八条 享受等级工资制员工年度考核与晋等的关系：

1. 主管以下（不含）或薪资等级在五职等（不包括五职等）以下者，连续两年考核为良好者（或以上），可以晋升一个职等；

2. 主管以上（含）或薪资等级在五职等（包括五职等）以上者，连续三年考核为良好（或以上）者，可以晋升一个职等。

第十九条 考核成绩与职务晋升的关系，由人力资源部根据具体情况拟订，呈报总经理核准后执行。

第二十条 培训资格的确认：

1. 凡涉及需要提高员工履行工作职责能力的培训，由各级主管根据考核结果提出，经部门汇总后报人力资源部统一安排；

2. 凡涉及员工职业发展能力培养，由部门经理根据员工连续两年考核优秀的结果以及员工职业发展报告，报人力资源部，以便编制单独的职业培训计划。

3. 部门经理及部门经理以上人员的脱产培训条件，见相关管理制度。

第二十一条 凡出现涉及劳动合同规定的严重违纪、违规行为，实行单项否决，予以辞退。

第二十二条 享受等级工资制员工在出现以下几种情况时，不予考核：

1. 病事假月度累计3天者，不予以月度考核，同时免奖；

2. 病事假全年累计15天者，不予以年度考核，同时免奖；

3. 其他总经理认为不予以考核的事项。

第四章 附则

第一条 本规定未尽事项，另行规定或参见其他规定的相应条款。

第二条 本规定的解释权在人力资源部。

第三条 本规定由总经理核准并报董事会。

第四条 本规定自颁布之日起生效，修改时亦同。

××公司

二×××年××月××日

第七章

华为干部选拔与配备制度

华为坚决要把“夹心阶层”消灭掉，“夹心阶层”是指那些既没有实战经验，又不理解华为企业文化，还要把他们安置在较高职位上的人员。“夹心阶层”的存在，必然会形成不良文化，这种文化最后将导致公司的失败。对“夹心阶层”要压到基层去锻炼，成为自然领袖，从而确立他们在华为的地位。

实践是选拔干部的最高标准

任正非说 我们的干部为什么不能像解放战争时期的共产党那样，在火线上入党，在战壕里提拔？为什么一定要空投干部？为什么不在成功地区，对已经成功的员工进行直接提拔呢？大浪淘沙才是这个时代的本色与潮流，把资格、资历看得很重，终有一天要死亡。

《华为EMT纪要》[2005] 022号指出，干部选拔的最高标准是实践。华为强调从有成功经验的人中选拔、培养干部，反对纸上谈兵。无论大项目成功还是小项目成功，有成功经验，就表明他们有了合适的方法论，不仅拥有知识，而且已经开始将知识转化为能力。这些人经过培养后，他们就会再进步一点，贡献就会再大一点。

华为选拔干部时，品德好、责任结果好、有领袖风范的员工优先考虑，即便是那些素质很好，但责任结果不好的员工，也不能提拔为干部，而是让他们去做最基层的工作。品德素养在企业选拔干部过程中，是首先要考虑的因素，在品德素养标准评价上，应采取一票否决制，人的技能可以通过训练来提高，而品德素养却不是一朝一夕能够养成的。

××市一家生产汽车零配件的工厂，发展非常迅速，员工已经达到6000人，急需生产系统的中层管理干部。但由于工人们大都学历不高，企业按照常规思想，招聘了大量高学历的大学生，希望通过培训后，能够成长为合格的中层干部。

但是，经过1年左右的运作，企业生产效率不但没有提高，反而问题频发，而且这些大学生流失率非常高。这让企业高层管理者非常头疼，于是请来了咨询公司。经过现场咨询访谈后发现，这家工厂业务全部来自海外订单，加班是家常便饭，大学生们担任中层干部，却常常抱怨加班，结果导致整个组织军心涣散，生产任务也就无法按时完成。

咨询公司建议企业直接从基层选拔中层干部，改变企业对中层干部必须高学历、高技能的认知，同时为该企业设计了一个月的生产监控过程，以便观察工人在这个月中的表现，将那些责任心强、诚实勤奋的人筛选出来，建立了一个中层干部培训营。然后对这些工人进行了为期一个月的集中军事化训练，一方面加强生产管理能力，另一方面观察候选人的纪律性。最终，筛选出一批合格的中层干部上岗。经过三个月的现场指导，这批中层干部很快挑起了工厂的大梁，企业生产效率及产品品质迅速得到提升。

上面的案例也证明了任正非说的那句话，大浪淘沙才是这个时代的本色与潮流，把资格、资历看得很重，终有一天要死亡。华为强调，无论你本事有多大，能力有多高，无论你是硕士还是博士，首先要去实践，要去做出结果来，没有结果，华为就不会真正认可你素质很高。而这也正是华为所坚持的结果导向。

我们公司在干部选拔中，第一，一定要强调责任结果导向，在责任结果导向的基础上，再按能力来选拔干部。第二，强调要有基层实践经验，没有基层实践经验的机关人员，应叫职员，不能直接选拔为管理干部。如果要当行政干部，必须补好基层实践经验这堂课，否则只能是参谋。虽然西方在很多价值观的评价上不一定正确，但西方的很多管理方法都是正确的，我们公司只要把住价值观这道关，西方很多管理模型我们是可以用的。

——引自任正非于2011年8月31日在EMT办公例会上的讲话

许多企业在选拔干部时，依然唯学历论，看重博士、博士后或硕士学历，但是在华为，无论你有多高的学历，只要责任结果不好，素质也不高，就会被清退。在华为全部的干部中，后备干部占了30%，这些干部有机会进入华为大学进行管理培训，有机会在下届职务上获得实践的机会。另外，还有20%干部属于后进干部，后进干部是优先裁员对象。

因此，后进干部希望摆脱自己的后进，就拼命向前挤，中间的干部受不了了，也拼命向前挤，这种层层挤压的机制，相互促进，干部的自觉性也就大幅度提高，从而形成了华为散布在99个国家的员工自觉奋斗的繁荣景象。

拓展解析·

管理干部的选拔和培养对企业的发展十分重要，企业任何管理都依赖于管理干部的组织与实施。因此，企业必须紧紧围绕企业的战略目标去选拔和培养人才，这样才能保证企业在市场的激烈竞争中生存下来。

目前，人才市场竞争激烈，行业间的竞争越来越倾向于人才竞争，企业的用人机制也必须随着人才市场的变化进行优化，加强企业文化建设，凝聚人心，留住人才。如何合理选拔干部，择优用人，打造出一支强有力的干部队伍，是目前所有企业都需要面对的难题。

任何企业领导者都想提拔德才兼备的管理干部，但是德才兼备往往是可遇而不可求，而且，也很难通过直接观察就了解一个人本身的潜在能力。因此，对德与才的矛盾处理，也考验着企业领导者的智慧。

那么，华为的选拔制度为华为打造了一支能征善战的精良干部队伍，对于目前正在面临干部选拔难题的企业而言，有哪些方面可以借鉴呢？

1. 实践是检验真理的唯一标准。从实践中选拔干部，学历是重要的，但不是唯一的。华为所有干部考核表上，没有学历一栏，都是员工在公司实践工作的评价。

2. 素质与能力并重。对于责任能力强，但素质不是很好的干部，华为要求他多学习，提高自身素质，为其提供培训机会，如果素质持续不能提高，华为会要求他心态平和地去接受一般性的工作。

3. 以结果为导向。华为选拔干部，首先要看成绩，责任结果好、有自我批判精神的优先提拔，不能出成绩的，要免职。同时华为还鼓励干部向国际化、职业化转变。

优先从成功团队中选拔干部

任正非说 项目成功了，出成果就要出干部。打下这个山头的人里面，终究有一个可以做连长，不能说打下这个山头的人全都不行，我们不能老是空投一个连长过去。

俗话说得好，“千年的寺易见，百年的店难寻”，古往今来，无论是治国还是管理企业，只有在决策上更具前瞻性，才能占得先机，拔得头筹。企业选拔干部更是如此，如果企业的干部目光短浅，不善于筹谋，那他只适合做追随者，而不适合做管理者。

华为在干部选拔问题上，坚持优先从成功团队中选拔干部。一个团队无论是大项目成功还是小项目成功，必然有人体现出将知识转化成实战的能力，也必然拥有具有前瞻性意识的人才。用任正非的话说就是，打下一个山头的人里面，终究有一个人可以做连长。

管理学上有一句名言：“100个行动也无法挽救1个错误的决策。”由此可见干部在企业管理中的重要性。企业怎样才能在成功的团队中找到具有战略能力和组织能力的人才呢？华为人力资源管理的“火眼金睛”是怎样炼成的呢？

> 我们强调在英勇善战、不畏工作艰苦的员工中选拔后备干部，但并不意味着上甘岭会自然产生将军，意味着我们排斥领导人必须具备的素质。一屋不扫，何以扫天下，一个人领导一个小团队不能成功，何以领导一个大团队。我们不以成败论英雄是指整个大势来说的，而对于基层干部，在本职范围内，不能与团队一起成功，我们是不能肯定的。
>
> ——引自《关于人力资源管理变革的指导意见》(2005)

华为强调，谁打好了就奖谁，多从胜利的队伍中选拔干部，出成绩的地方也要出人才。俗话说，“世有伯乐而后有千里马，千里马常有而伯乐不常有”。对于企业选拔干部而言，用才必先识才，只有识才才能更好地用才。企业的人力资源管理体系，必须帮助企业了解团队成员情况，洞察团队成员兴趣爱好及擅长哪方面工作等，并通过一定的管理工具，为企业领导者决策提供具有参考价值的数据。

目前，许多企业都设置了管理培训生轮岗制，这个制度对于企业选拔干部，将合适的人放在合适的位置上十分实用。而华为建立了EMT，实行CEO轮岗制，这无疑在企业管理上又在领跑国内外众多企业。

企业在干部选拔上流传着这样一句话：“狼带领的一群羊一定能打赢由羊带领的一群狼。”优秀的干部就是狼头，狼头带领好了，这个团队的员工就能得到提升，这个团队就一定能成功。反之，由羊带领一群狼，即便团队拥有众多优秀员工，这个干部也注定是要失败的。

华为强调从优秀团队中选拔干部，从艰苦的基层中提拔干部，在干部考核中，从来没有出现过学历这一选项。就是这样的干部选拔原则，为华为选出了一批批优秀的头狼，带领着各自的团队为华为在世界各地的市场上抢滩登陆。反观如今盲目引进人才的企业比比皆是，猎头公司四处出动，强调学历、职业经历，等等。企业间似乎正在进行着一场空前的人才消费。企业重视人才是好事，愿意为优秀人才付出高额报酬也是进步，但是，这种进步中明显掺杂着不理智。

早在明朝万历年间，就存在着循吏与清流之争，那个时代同时产生了两个名人，一个是被誉为千古一相的张居正，另一个是被誉为千古廉吏的海瑞。海瑞无疑是清廉的榜样，但是从对增强国力和社会发展方面而言，张居正的作用要远大于海瑞。同理，企业选拔干部必须要理清两者之间的关系，只选海瑞的话，企业竞争力会大受影响。

拓展解析·

企业处于不同发展时期对管理人才的要求也不同，尤其是近年来，企业对战略型管理人才需求不断加大。实际上，战略能力与组织能力两者之间是分不开的，无论是组织能力还是战略能力，具体表现就是个人能力。因此，企业在选拔干部时，应当注意以下两点：

1. 战略决策判断力。战略决策判断的能力主要体现在经营决策的正确性，战略决策是解决企业全局性、长远性、方向性等关乎企业发展的大问题。虽然战略决策从表现形式上而言只是一份文件、一份纪要，但决策过程一定是一波三折、惊心动魄的。

2. 组织协调能力。组织协调能力也是企业选拔干部的重要标准，主要体现在处理特殊事件是否恰当。团队风平浪静，都向同一方向前进时，就不需要过多的组织和协调。就像华为强调的，铁路设计和建设需要博士、硕士等高等人才，但铁路建设完成后，扳道岔就不需要这些高端人才了。选拔管理干部同样如此，如果组织中有人想往东，有人想往西，此时就需要具有组织协调能力的干部。

优先从一线战场中选拔干部

任正非说 我们要在艰苦地区，培养一批优秀的干部，这是公司的既定方针。上甘岭是不会自动产生优秀干部的，但优秀的干部必然产生在艰苦奋斗中。

2006年，华为EMT决议指出，艰苦地区和业务的一线作战组织要适当多设置一些具有明确责任的副职位，以观察和培养后备干部。2008年，华为EMT会议再次强调，大仗、恶仗、苦仗一定能出干部，总部机关、产品体系都要派后备干部到艰苦地区锻炼，在艰苦环境中磨炼成长，公司要在上甘岭培养和选拔干部。

从一线战场中选拔干部是华为干部选拔制度的又一重要原则，华为强调上甘岭精神，选拔干部时第一选的是干劲，后备干部队伍要到艰苦的一线去锻炼，要有奋斗精神，其次要有方法论，不过分强调知识。

在世界上并不是有文化的人，一定会成为将军，否则那么多名牌军校的老师，应该都是司令。当然别人也不一定成得了教授。因此，知识要在实践中成熟为经验和能力。因此，我强调文化素质较高的员工，应该到一线去，到艰苦的工作中去取得成功。同时，你能团结的团队越大，你也会越成功。

——引自《关于人力资源管理变革的指导意见》(2005)

任正非在2011年年中区域总裁会议上指出，华为越来越开放了，在选拔干部方面，除了品德合格外，能力与干劲才是最重要的。一个人有能力，有干劲，就让他从事这个工作，不一定非要看资历，这样就能让一大批年轻的干部迅速成长起来，挑起担子，华为靠原有的干部是成不了世界第一的。

熬资历、拼学历在过去是求职者挂在嘴边上的话题，好学历可以谋求个好职位，想晋升必须熬资历，而这些，也正是我国企业过去，甚至现在许多企业在人才使用方面存在的弊病。老的下不去，年轻的上不来，严重阻碍了企业的发展。当然，并不是企业领导者意识不到这个问题，而是找不到解决这个问题的办法，或者是找到了办法无法落实执行。

选拔干部的目的是什么？难道只是把光鲜的学历和资历摆在职位上给别人看吗？答案显然不是。因此，企业在干部选拔方面真正需要向华为学习的有两点：第一点是适合，适合职位需求，适合企业发展模式，适合当前需要，等等；第二点，注重个人能力，彻底摒弃唯学历、唯资历论，能者上，无能者下，因为年轻干部队伍建设的好坏决定了企业未来的命运。

说起来容易做起来难，想要做到这两点，必须要有完善的用人制度作支撑，要将用人制度模块嵌入到人力资源管理体系当中去，否则一切只是空想、空谈，无法落到实处。目前，国外许多先进的管理模型都可以拿来用，只要不违背企业核心文化和价值观即可。

华为强调，要在艰苦的一线战场选拔干部，并不是说发达地区就不能出现优秀干部，发达地区培养出的干部，要更加注意职业化，需要面对的对手和客户水平更高。当然，如果这些干部愿意到艰苦的地方去工作，就像白求恩放弃优越的生活来到艰苦的地区工作一样，那就更好了。企业干部选拔、培养以及未来输出方向，与企业领导者的性格和秉承的理念有着直接的关系，通俗而言就是，一列火车能跑多快，拉多少节车厢，完全取决于火车头。

要敢于换一批有干劲、有能力、品德好的干部上来。现在各级部门都反复跟公司谈条件，都给自己写了保守目标，就是没有任何能跟公司讲：要作战、要抢滩登陆。你们敢不敢换一批干部？我希望你们今年换掉一批干部，敢于提拔一些人起来。被换掉的干部也不用怕，我又没把你杀了。但我一定要换优秀的、有干劲的、有能力的人上来。我就不相信这个天下打不下来，不行我就自己扛炸药包上，我像董存瑞一样举着炸药包，让你们点火。

——引自任正非于2001年在EMT办公例会上的讲话

作为企业高层管理者，应当着眼于企业未来发展，大胆提拔有成功经验、有干劲、高绩效的基层干部，加入到中、高层团队中，作为种子、苗子，构建干部继任梯队，高层管理者下基层，不仅仅要关注经营、项目，更加重要的是要考察干部苗子，因为他们才是企业发展的未来。

拓展解析

在谈到干部的任用时，任正非讲了李奇微的故事。诺曼底登陆时，李奇微还是个少校，指挥一个营，然而到朝鲜战场，已经成了“联合国军”的总司令。后来他又接替艾森豪威尔出任北约组织最高司令，而整个过程只有短短的8年时间。华为为什么就不能这么选干部？华为就是要选一些战略狂人上来才能占领战略要地。

任正非的观点总结起来就是在干部选拔方面要“不拘一格降人才”，在公司已有的干部任用规则和程序基础上，建立其针对优秀人员的破格升级制度，其管理原则主要有以下几点：

1. 符合条件的员工可不受现有职级限制，直接选拔任用到与其所担责任相对应的岗位上，并在其岗位对应的职级范围内，实现超出现有规则要求的个人职级破格提升。

2. 破格提升的人员要在其工作岗位上长期绩效突出，为同层级员工标杆，勇于前往艰苦地区工作或敢于从事挑战性岗位，并作出突出贡献的人；在重大项目、竞争项目、公司变革项目中勇挑重担，绩效结果突出的员工；临危受命，不畏艰难，并最终彻底或很大程度扭转不利局面的经营或管理局面的干部与骨干员工。

3. 破格提拔的干部要在其岗位上工作满一年及以上，或在重大项目中至少完成一个周期的任务，且绩效结果优秀的，而且在日常工作中表现出认同并践行企业核心价值观、敢于担当、不推诿、不抱怨、积极进取的行为。

4. 若现有干部选拔流程无法支撑，则制定专项审批流程，保证审批既规范又具一定灵活性。

用人所长，华为干部使用原则

任正非说 公司强调选拔制，而非培养制。我们公司的流程制度越来越清晰，只要你个人能力准备好，不一定有多大的资历，我们就会任用你。我们以后要用明白人，选拔就是给品德好、有能力、有作为的人提供了极大的空间。

古往今来，“知人善用”都是治国安邦之道，对于企业人力资源管理而言，更是至理名言。正所谓知人容易，用人难。在我国历史上，历代开国帝王无不是知人善用才取得了一代霸业，而那些个人才能出众，却不懂知人善用之辈，最终沦为陪衬，注定了失败的命运。

翻开中国近代史，将“知人善用”发挥到极致的，莫过于我国开国领袖毛泽东主席，正因如此，才有了将星闪耀，也才有了新中国的华章。而华为总裁任正非，就是中国民营企业中将毛泽东战略思想运用到极致的代表。

虽然高薪可以吸引到高端人才，但是企业如果不懂得如何用人，就会造成这些高端人才、核心成员的流失，掣肘企业的发展。华为强调，干部要小步快跑，“不在其位，不谋其政”，如果没有给他们适当的任务，就很难成熟起来。

华为的用人制度并非一成不变，随着华为的不断发展，华为的用人制度也处在不断的变革之中。华为成立早期，企业就像一叶扁舟，市场领导着研发，公司大部分干部都来自于市场人员。随着公司规模的不断扩大，华为已经不再是一叶扁舟，逐渐变成了战舰、航母，此时，市场人员已经领导不了这个公司了。因此，华为抽调大量研发人员到市场的前沿去重新回炉，回来后看能否驾驭华为这艘航母。就像任正非所说的那样，华为干部来源机制已经发生了变化。

我们很多有能力的人都集中在机关，前方大项目的骨干太少，直接面对客户的铁三角力量很弱，机关这么多人，内控这么强，我们的作战能力并没有增强。我们要选拔那些敢作敢为的优秀将领，选拔一些年轻人上来，到前方去做少将连长，把优势资源集中到优质客户身上。我为什么让大家看《国家命运》，当中任用的那些人都是刚刚留学回来的学生。我们为什么不敢这样任用？埃塞（俄比亚）的嘉奖令一出来，大家反响还是挺好的，榜样的作用是无穷的。我们不一定在困难时期才有机会，在和平时期也有机会。我们让这批人慢慢浮起来，公司慢慢地就有希望了。

——引自任正非于2012年在EMT办公例会上的讲话

华为在用人方面坚持不推行僵化的体制与机制，在某些战略机会点上，干部配置与使用坚持灵活的原则，少将连长在华为并不是什么新鲜事。华为认为，成功比级别更重要。任正非强调，我们要渴望成功，而不是处处担忧打破平衡。

2009年，任正非在加快CFO队伍建设、支撑IFS推行落地中指出，人力资源委员会要敢于对干部循环培训、循环转换，不要过分讲资历。我们的目标是打天下，谁能跟我们打天下我们就用谁，只要这个人的品德上没问题。我们不能对资历妥协，战争已经打响，我们没时间和耐心去等待一个干部的进步。

坚持从前线提拔干部，在战斗中培养将军，从任正非用人、选人原则中，不难看出毛泽东主席战略思想的精髓。有些企业强调“基层只做事不做人，中层既做人又做事，高层只做人不做事”，很显然，这种管理思想已经跟不上时代的发展，只起到上传下达作用的时代已经一去不返。

总而言之，企业主要面临以下4种人：

1. 有能力且认同企业的人。
2. 有能力但不认同企业的人。
3. 能力弱但认同企业的人。
4. 能力弱又不认同企业的人。

例如，能力弱又不认同企业的人，是不是应该辞退呢？实际情况是，如果企业处于创业期，知名度不够，招来的往往都是这类人，如果全都辞掉，公司还要不要发展？这就像很多人谈论的“唐僧团队”是否应该将猪八戒辞退一样。

解决这个问题的办法，就是任用一个有能力的干部，然后解决好“马儿吃饱”的问题。要想马儿跑，就要让马儿吃饱，就算不是千里马，吃饱了照样比饿着跑得快。当企业流程逐步建立起来后，就可以严格按照流程执行，只要不符合流程要求，就要改组，再来定位需要什么样的干部。用制度代替用人来选拔干部，才能打造出一支能力过硬、有战斗力的队伍。

拓展解析

干部队伍建设是企业发展的重中之重，企业的人力资源管理也是围绕着人在进行，选拔出优秀的干部，将优秀的干部放到最合适的职位上，才能发挥出人才的最大作用，也才能最大限度地推动企业的发展。

企业应该用什么样的人，怎样用人呢？每个企业都有自己不同的核心价值观和人力资源体系，还是那句话，最好的不一定是合适的，只有合适的才是最好的。从华为的人力资源管理体系中对干部的选拔与使用方面，可借鉴之处总结起来主要有以下几点：

1. 选拔干部通过考核成绩、素质、品德三个方面综合考量，符合条件的上岗试用，试用不适合，那就再浇点水，让树长快一点，适合了再追认，然后升职加薪，再看能否胜任，这样就将干部选拔机制的各个方面都归纳在里面。

2. 对考核合格的干部及时奖励，对不合格的干部施行末位淘汰，空缺出来的岗位，要用于提拔综合绩效突出的干部苗子，敢于让他们承担责任。

3. 先立后破，公司要遵循现实主义原则，机关干部要派下去，不一定在前线做管理，经过锻炼后的干部，才能成为好干部。

4. 对人力扩张和干部提拔坚持贯彻小步快跑原则，逐步提升干部管理能力，保证干部能力提升跟上管理规模的扩张速度。

5. 干部交接要在跑步中完成，不能停下来搞整顿，这会影响公司的发展，不要怕打破平衡，企业成功比平衡更重要。

大浪淘沙，干部必须能上能下

任正非说 华为不可能有永恒的高速度，每个人的素质、个人学习努力的程度、自我改造的能力差异都很大，怎么可能步调一致地推动公司前进。至少，我看不清华为长远未来的前景。所以，我们不能懈怠，干部能上能下一定要成为永恒的制度，成为公司优良传统。

如何解决在职干部不胜任当前职位的问题，对于许多企业而言都十分棘手，新提拔的干部不胜任当前职位有多种处理办法，但对于在职多年的老员工，尤其是那些与公司一同创业的老员工而言，这些方法似乎都变得不适用了。企业领导者担心解决问题手段太强硬，会影响员工向心力，不解决又掣肘公司的发展，那么有没有两全其美的办法呢？华为又是怎样处理这个问题的呢？

任正非强调，企业不能坐下来讨论干部队伍建设的问题，要在战争中调整，不适合的就要下去，包括高级干部，公司不能姑息养奸，不能形成大树底下好乘凉的习惯。怎样理解任正非的观点呢？归纳起来其实就两点：一是“慈不掌兵”，作为企业领导者，不能优柔寡断，一切以企业利益为重；二是用制度管理代替用人来管理，制度明确并落地生根才是“标本兼治”的良方。

华为强调，不能形成有利于优秀人才成长的机制，高速前进的列车不能有上有下，企业就必将走向盛极必衰。因此，华为确立了干部能上能下的制度，20多岁进入公司管理层，甚至高管层在华为也不是不可能，李一男26岁成为华为副总裁就是最好的例子。对于老员工，华为采用降职不降股票的政策，就是说老员工身体不行了，跟不上了，职位调整下去，但股票不会动，这样将岗位空出来，大胆提拔使用年轻干部，保持公司持续战斗力。

江山代有人才出，要一代代去巩固。不能说每一个干部都能在岗位上持续发展，老一代退下去是很正常的。所以我们建立了一个机制，就是说你跟不上了，身体不行了，职位调整下去了，你的股票不会动。所以要加强新干部的提拔，特别是艰苦地区，新干部不提拔，我们的商业模式就继续不下去了。

——引自《华为EMT纪要》[2008]028号

企业加强干部队伍建设的目的是要保证企业能够活下去，想要活下去，又必须让那些曾经为公司做出贡献，但现在又阻碍公司发展的人下去，这样企业才能得以生存。因此优胜劣汰是企业干部选拔与配备制度必须坚持的基本原则。

这就涉及公司领导者要为谁负责的问题，一个企业领导者是要为陪着公司一起创业的元老负责，还是要为公司股东负责？股东谋求的只是利益，追求的也永远只是利益，老员工、老干部们则不想手中权力旁落。真正想要公司生存和发展的，只有企业的领导者和员工。因此，身为企业领导者，一定要权衡企业、股东、老干部、多数员工之间的利益关系，为企业活下去负起责任。

为了保证企业能够活下去，华为建立了末位淘汰制，末位淘汰制只针对管理者而不针对员工，对于不称职、绩效不达标的干部逐步淘汰掉，每年有10%的干部末位淘汰率。为了保证末位淘汰机制拿基层干部来垫背，华为采用了分层、分级模式，这就促使了在职干部必须督促自己做好管理工作。

华为强调不能坐享其成，责任和权利，贡献和利益是对等的，不可能只有利益没有贡献，也不会只有贡献没有回报。任正非指出，华为末位淘汰制是从西点军校学来的，目的是用来挤压队伍，激活组织，鼓励先进，鞭策后进，形成选拔领袖的一种方式。

总之，企业在干部选拔与配备上，不要追求绝对的公平，绝对公平也就意味着对大多数人的不公平。因此企业在人力资源方面，一定要注重让努力者有均等的机会，这就需要建立一套完善的考核制度，考核达标的干部继续任用，不达标的按其实际能力调岗，以后业绩表现突出，依然能够升上来。

这样才能保证企业干部职业化过程中，不会让机会主义者钻了空子，也不会让真正的人才流失。做好调整下来的干部的思想工作也很重要，鼓励这些干部在新岗位上做出成绩，提高能力，随时欢迎这些干部升任到合适的岗位，但同时还要保证不能让调整下来的干部，取代下面绩效优秀的干部，否则依然会打乱企业的团队建设。

拓展解析·

华为认为，易岗易薪本身也是对干部的一种考察，如果降职降薪后仍然能够保持良好心态并认真工作的干部，今后仍然是提拔的对象。因此，企业不要怕降薪人员闹情绪。如果管理干部总是患得患失，这样的干部也不堪大用，即便流失对企业而言也不算损失，反而将其留在重要岗位上，对企业而言才是真正的隐患。

华为总裁任正非曾说过，降职干部要调整好心态，正确地反思自己，不要满腹牢骚，在哪里跌倒就要在哪里爬起来，那些受委屈而降职的干部，无怨无悔地继续努力，用实际行动来证明自己，这些人才将是公司宝贵的财富，是将来继承大业的可贵人才。

这也解释了为什么华为的团队战斗力能有这么强，换句话说，华为的干部在职期间不战斗就会被立即淘汰下来，完全没有其他公司成为高管就可以很悠闲的待遇。所以，华为能够成为世界500强之一的中国民营企业绝非幸运和偶然，因为华为全球17万多名员工都在战斗，再战斗。

值得我国其他企业借鉴的华为干部选拔与配备精髓，主要体现为以下几点：

1. 干部能上能下。也就是说，干出业绩的人员要提拔，上去了不行就必须下来，干好了再上去。

2. 不姑息、不迁就。机关干部不能养尊处优，不让熬资历不干活的干部站在台上，高级干部干累了，就转做机关一般员工，对于不实干的干部，坚决贯彻淘汰机制。

3. 将干部易岗易薪制度融入日常绩效考核体系，对不合格干部的清理形成制度和量化方法，立足于绩效，用数据说话，而不是独立开展工作。

4. 没有绝对公平。绝对公平是最大的不公平，世界上没有绝对公平，企业人力资源部门切忌一碗水端平，不要怕干部闹情绪，要重用能够保持良好心态、找准自己位置、通过不懈努力来证明自己的干部。

第八章

华为干部队伍的管理与建设

任正非强调，要砍掉干部们的手和脚，让干部头脑勤快起来，而不是手脚勤快，思想上懒惰。高层干部要确保公司做正确的事情，保证正确的进攻方向，确保稳妥的进攻节奏，协调好作战的资源。尤其是高层干部，不能习惯性地扎到事务性的工作中去，关键是要指挥好团队作战，而不是自己卷着袖子和裤脚，下地埋头干活。

华为干部考核与激励制度

任正非说 我们要坚持责任结果导向的考核机制，各级干部要实行任期制，目标责任制，述职报告通不过的，有一部分干部要免职、降职。要实行各级负责干部问责制。考核是考不走优秀员工的。

企业管理干部影响着企业重大经营决策的实现，甚至影响着企业的成败。目前，中、高层管理干部跳槽已经不是什么新鲜事，对企业满意度较低是管理干部跳槽的主要原因。对于企业而言，如何针对管理干部制定科学的考核与激励制度，是企业人力资源部门必须面对的现实和急需解决的难题。那么，华为是怎样解决这个难题的呢？

早在1996年通信市场爆发大战前夕，华为市场体系30%的员工就下岗了。其中有曾经立下汗马功劳，又变为落后者的员工。华为人认识到："在市场一线的人，不允许有思想上、技术上的沉淀。必须让最明白、最有能力的人来承担最大的责任。"从此，华为形成了干部没有任期的说法。

华为坚持责任结果导向，强调每一个干部从上到下都必须明确责任和目标，以提高客户满意度为目的，建立起以责任结果为导向的价值评价体系，不再以能力为导向。同时，华为很明确地指出，企业就是功利性组织，必须拿出让客户满意的产品，因此公司的价值评价体系必须建立在责任结果导向的基础上，而且建立了以责任结果为导向的干部考核机制。

我们坚持责任结果导向的考评制度，对达不到任职目标的，要实行降职、免职，以及辞退的处分。市场的竞争会更加激烈，公司不可能是常胜将军，我们无力袒护臃肿的机构，以及不称职的干部。我们必须以责任制来淘汰、选拔干部。完成任务好的部门，出成绩也要出干部。公司决定，对完不成任务的部门，一把手要降职、免职处分，同时决不能在本部门将副职补充提成正职，不然以后就会出现正、副职的不合作。

——引自《持续提高人均效益，建设高绩效企业文化》(2004)

华为总裁任正非强调，考核要注重过程，不要成为评奖金的指标，如果一个东西上承载的内容过多，人都会变成小人了。我做出了成绩，还要考我这，考我那，扣来扣去，钱都扣没了，谁还会为公司创造价值呢？考核指标KPI项不能太多，如果你的工作绩效很出色，工作时间喝咖啡为什么不可以呢？

随着公司的发展，华为的干部考核制度也在持续改进，绩效考核要求自己和自己比。自2008年开始，各部门开始实行自己跟自己比的考核制度，也就是说，原则上进步幅度低于公司平均线的，要对正职干部进行问责，其中包括了降职、降级、降薪等处罚措施，从机制上牵引干部主动关心人均效益，不计成本地占有资源。

同时，华为还采取了正向考核与逆向考事相结合的办法，推行以正向考核为主，抓住关键事逆向考事，这里的事，就是事情的事。也就是说，对每件错误的事，要逆向去查，找出问题的根本所在，然后改进它。华为通过正向考核和关键事逆向考事的办法培养和发现优秀干部，特别是从成功的过程中发现和培养各级领导干部，避免了绩效考核中形而上学的工作方式。

目前，我国许多企业也都采用绩效考核的方式管理员工，但多数企业绩效考核结果是保密的，只有少数人知道，这种方式即便领导者做到了公正与公平，带给员工的感觉就是不公平，觉得考核不过是个形式，一切还是领导说了算。华为始终贯彻绩效考核结果公开的制度，用华为总裁任正非的话说，考核公开让你作弊都难，你作弊，老百姓就会来拱你，考核公开后，激励也就简单了，谁创造的绩效多，谁就涨工资，不该涨的就不涨，这样大家就有了正确的导向，就会拼命向前冲。

当然，企业对干部考核光有处罚是不行的，待遇和激励政策必须跟上。很多企业都有这样的弊病，就是考核制度很完善，处罚做得很到位，但是干好了，奖励却迟迟没有，这样的企业员工流失也就不新鲜，或者说企业还能活着已经是个奇迹。华为干部队伍强悍的战斗力，大部分原因来自于华为的不吝啬，不仅仅在金钱方面，也包括职务分配、晋升机会等方面，也都十分慷慨。

华为强调在职务上、待遇上和提升的机会上向前方倾斜，业绩好的团队，不仅会获得奖金、股权的激励，也是干部选拔的首选之地。华为视组织权力为一种可以分配的价值，而且将其视为比利益更重要的一种分配价值，利益分配、权利和权力分配之间关系需对等。

拓展解析·

参考华为干部考核与激励制度，想要谋求发展的企业，应该从哪些方面着手，建立自己的干部管理与激励制度呢？

1. 个人发展最大化。所谓个人发展最大化，就是帮助干部设计自己的职业生涯计划，促进干部个人发展的最大化，明确个人的晋升空间，实现企业人力资源增值的最大化。这也是有效激励员工的重要手段，如果企业晋升空间狭小，干部会对自己的职业方向感到迷茫，即便是企业器重的战略人才，也很难保证不会流失。

2. 建立管理培训机制。干部就不需要培养了吗？答案是否定的。企业干部一步步从基层岗位走上来，经验丰富，是企业宝贵的财产，但随着企业的发展，其管理能力和执行能力必然很难跟上企业的发展，此时企业要建立起针对干部的管理培训机制，提升他们的管理能力，而不是他们掉队了就将他们淘汰掉。

3. 管理干部轮岗制度。目前，企业对干部的管理主要采用绩效考核制，但只注重结果而忽略过程很容易让干部对岗位产生厌倦，不但影响整体绩效，也成为阻碍干部继续提升能力的障碍。因此，干部部门之间的横向流动，更有利于培养和优化人员配置，克服工作中的疲顿倾向，达到有效激励的目的。

4. 对干部充分授权。我国许多企业都是以项目推动企业发展，公司管理与组织架构也都是以事务处理为导向建立起来，企业习惯了直接指挥，企业领导者也很难做到放心授权。因此，企业必须改变这种模式，权、责、利、效的授权和管理，可以让公司决策更民主，也是对管理干部最高层次的激励。

5. 分配制度多样化。目前，有些企业还将物质激励作为分配的主要模式，然而对于部而言，对归属感、成就感及驾驭工作权力感充满渴望，他们希望自己的工作更有意义。因此企业在制定报酬分配时，就要重视非物质激励的分配，如晋升、培训以及与高层管理者的直接沟通，等等。

分权制衡，放权与监控并行

任正非说

我们的干部要严格要求自己，要聚焦本职工作，我们坚持三权分立的干部监察制度，否定、弹劾不是目的，而是威慑，使干部既可以自由地工作，又不越轨。

企业领导者在对干部的任用上，存在问题的方式主要有两种：一种是坚决不放权；一种是放权过度。这两种方式都容易出问题，第一种模式很容易掣肘企业的发展，企业的成败完全系于企业领导者一人身上，企业核心干部流失严重。第二种模式由于放权过度，容易造成管理干部越轨，给企业内部带来致命打击。

为此，华为建立了分权制衡和威慑系统，即能保证干部放开手脚开展工作，又能保证不越轨。所谓干部体系三权分立，指的是行政主管有提名权，干部部和人力资源部有评议权，党委有弹劾权。

华为认为，当前企业内部推荐机制，行政管理团队推荐意见所占权重很大，行政管理团队主任影响力也是最大的，很容易在干部推荐时产生偏好倾向，导致一些干部的好苗子被边缘化。而逐级推荐机制也会造成一些优秀中层、基层干部因为各种原因不被上级主管认可，因此在确立的干部任用机制中，建立一些补充机制来解决上述问题就非常有必要了。

华为的三权分立，通过否决权的过滤作用，让优秀的干部浮上来，通过弹劾权，将行使否决权中遗漏的不称职干部再否决，这样就确保了大量优秀干部的迅速成长。

在公司全球化拓展中，干部培养和选拔问题日益突出，为保证干部任用和员工激励工作的客观性、全面性、公正性，避免单方面决策的片面性和倾向性，在明确干部选拔考核标准的同时，公司制定并推行了三权分立的干部管理制度：赋予日常实际管理干部、员工的相应行政管理团队建议权；赋予促进能力建设与提升的华为大学、专业委员会以及对过程规范性进行把关的人力资源部、干部部等组织评议权；赋予代表公司全局利益的跨部门委员会和对思想品德进行把关的党委组织干部部否决权和弹劾权。

——引自《关于近期公司人力资源变革的情况通报》(2007)

华为总裁任正非强调，三权分立不是定律，也不是教条，真理多走一步就是谬误。而华为的分权制衡是在授权的前提下，遵循局部利益服从整体利益、短期利益与长期利益相均衡的基本原则，在保证质量的前提下，兼顾运作效率。任正非指出，华为的三权分立是为了让合理性增加一点，而不是说三权分立就能做到合理，三权分立主要是对团队责任结果导向评价的修正，促进大家发挥积极思维，加强交流与沟通，有话敢说。

2011年，任正非在新一届董事会监事会议上讲话指出，新时代华为要更多通过文化、制度和流程来建立科学的管理，越来越放权的同时，越来越加大监控力度，这是两个必须并行的轮子。放权是为了让干部充分发挥主观能动性，积极地去管理，监控是为了避免犯大错误。为此，华为又建立了虚位否决制度，任正非作为公司创始人和领袖，对轮值CEO、董事会和委员会的工作和决策进行辅导和监督。

例如，目前国内有些硬件条件很好的企业，业绩却一直上不去，究其原因，主要是企业领导者太过专权，甚至不允许他人发表不同意见，导致高管团队集体智慧无法发挥作用，致使企业决策缺乏系统性、科学性、前瞻性。而另一个极端就是领导者全面放权，很容易导致职业经理人在这样的条件下私欲膨胀，将个人凌驾于公司制度和企业利益之上，到最后完全无法驾驭。而华为的放权与监控，就是在这两个极端之间找到了平衡点，用一句话来概括就是："将权力关进笼子里。"

拓展解析

"管得少就是管得好。"是杰克·韦尔奇的一句经典名言，管得少并非削弱管理的作用，而是提高管理效率。许多国内民营企业的领导者常常处于放权也不是，管也不是的境地，很怕"一管就死，一放就乱"。

企业领导者不敢放权的原因，主要是因为不放心。对于中小企业而言，更是担心一失误就走向死亡。其实，管理者手中的权力就像渔网，放权的关键主要是看领导者是否能够抓住那个纲，渔网撒出去能不能收回来。那么，企业的放权与监控具体要怎样进行呢？结合华为的实践经验，可参考以下几点来进行：

1. 明确目标。对于基层干部而言，执行力是最重要的。因此在项目安排上，企业一定要明确目标，不要使用“你懂了吗？”“你明白了吗？”这种问句，对于目标和细节还没有弄清楚的基层干部，不想被管理者轻视，往往不懂装懂。因此，企业对基层干部要明确目标，让他们沿着这个方向发挥执行力，而不是让他们自己去找方向。

2. 绩效指标。用制度代替人员管理是最好的放权，让干部了解在自己权利范围内，必须达到哪些目标，在什么时间内完成。这样干部只有清楚了目标和方向，企业放权才能收到成效。因此，放权不是简单将事情丢给干部，而是要让他们明白企业放权的期盼是什么。

3. 有效监管。领导者放权后不能不闻不问，等着干部将成果捧上来，权利必须关在笼子中下放，也就是说必须做到有效监管，比如适时给予提点和建议，错误决定必须制止等。

4. 沟通探讨。让干部自我管理后，领导者必须与干部建立起沟通渠道，通过沟通探讨，了解干部学到了什么，哪些地方需要改进，等等。这样就会让干部快速成长起来，能力也会得到快速提高。

5. 设置底线。企业放权一定要设置好底线，防止干部做出越权的事，提醒他们一旦触碰这个底线就要立即刹车。

总之，放权与监察必须并行，作为企业领导者，既不能不放权，也不能随意放权，最重要的是找对可以放权的干部。放了权就应适度放手，与其紧迫盯人，不如在开始时就交代清楚，用制度监管，让干部放手做事，这样既可以降低管理成本，也能提升企业效益，还可以锻炼干部队伍的管理能力。

惩前毖后，华为干部监察制度

任正非说

公司不能出现大面积的腐败，少量的腐败我们可以抓，大面积的腐败我们公司就失败、崩溃了。你拿了点小钱，但你股票全都是废纸，大钱全丢光了。腐败以及合同的低质量会像一个杠杆一样，被放大了几十倍甚至几百倍地撬动公司，这样公司一定会灭亡。

企业在发展壮大以后，怎样杜绝干部的腐败问题就提上了日程，因为腐败问题，任何企业都无法幸免。企业处于创业发展阶段，从领导者到员工，上下一心谋求生存和发展很容易，但是当企业进入成熟期，没有了生存压力，干部的个人欲望很容易膨胀，这包括了对金钱、权利的欲望，欲望的膨胀必然会滋生腐败。

完全杜绝腐败是不现实的，即便将腐败控制在一定范围内，似乎都是千古难题。华为坚定不移地反对富裕起来以后的道德滑坡、庸俗的贪婪与腐败，并为此建立了各种制度保证队伍的纯洁性和旺盛的战斗力。华为总裁任正非指出，华为公司绝对不会对生活作风腐化的干部让步妥协，强调用制度来监察、约束干部，净化团队。

我们要制度化地防止第三代、第四代及以后的公司接班人腐化、自私和得过且过。当我们的高层领导人中有人利用职权谋私利时，就说明我们公司的干部选拔制度和管理出现了严重问题，如果只是就事论事，而不从制度上寻找根源，那我们距离死亡就已经不远了。

——引自《华为公司基本法》(1998)

企业一旦滋生腐败问题，就会出现不铲除是问题，铲除也是问题，因此华为坚持从制度上防止腐败蔓延。《华为EMT纪要》[2007]029号指出："公司给干部、员工的薪酬回报为其退休后自由的生活享受提供了基础。但干部、员工只要还在岗就只能努力工作、创造成绩，若惰怠或搞腐败，就坚决予以辞退。"

纵观古今中外，无论是治国还是管理企业，能够将腐败压制在最小范围内的，都有一套符合当时时代背景下人们认知观念的管理制度，腐败之所以滋生也必然存在滋生腐败的土壤。华为决策层明白，想要预防公司出现腐败问题，必须在土壤上下功夫，而不是等到长出草来再铲除，到那时即使铲掉上面的草，下面依然会长出新草。

华为总裁任正非指出，高薪不能养廉，华为需要靠制度养廉，如果员工假积极一辈子，那就是真积极，假积极的原因就是制度约束了他。同时，华为还秉承"惩前毖后，治病救人"的原则，对犯错误的干部不要一棍子打死，要给他改过自新的机会，贯彻坦白从宽、抗拒从严的原则，但同样要掌握好度，宽容也不是无限度的。

任正非早在1996年的一次办公会议上就强调要加强对中、高级干部的整顿，那些没有责任心、没有干劲、没有能力、喜欢发牢骚以及与华为文化不融合的干部都要下台，鼓励高层干部不要怕得罪人，如果害怕就辞职，让不害怕的人来做。这也体现了任正非作为华为领导者对干部整顿的决心，对于企业而言，创始人的个性往往决定了这个企业文化的核心价值观，对人力资源管理的方式和方法以及所要达到的目的都产生重大影响。

2005年，任正非再次强调，对处分后不愿意改正的干部，不敢于承担责任的干部，有埋怨情绪的干部，都要调离管理岗位，并接受考核。华为在干部使用上坚持“你只要担负了这份工作，就必须负起这份责任，否则就是不合格”的原则。为此，华为建立了宣誓承诺、干部自检、独立检查的闭环管理制度。

华为各个党支部、道德遵从委员会对腐败负责任、监管做得好的干部就会提拔，华为认为，一个优秀干部可以带出一批优秀干部。任正非说：“华为没有时间做婆婆妈妈的事情，绝不姑息不愿意承担责任的人，监管不好的地方，就要处分。”华为人力资源政策已经从培养制改成了选拔制，没有任何地方见不得人，谁品德好、有能力、有干劲，谁就上，没必要一定按资历分配职务。

拓展解析

企业想要建立一套完善的干部监察制度，这对于企业人力资源管理系统来说，是一个不小的挑战。是否适合本企业发展现状，是否能够坚决落实执行，执行后是否有效果，对公司短期利益及长期利益，是有损还是有益？这些问题都是让企业领导者在干部管理制度变革问题上犹疑不决的原因。华为的干部监察制度都有哪些模块，是否具有借鉴意义呢？下面我们一一列举：

1. 审计与内控。在流程中设立审计点，明确各层管理干部具体监管责任，不允许在中、基层干部中有甩手掌柜，同时内控要上前线，深入到业务中去，在炮火中前进，实现快速运作流程与合理监管。

华为强调，规范化是一个筛子，服务过程中完成监督，而监管的目的是让业务更好地跑起来，是手段，商业成功才是最终目的。

2. 干部公示与员工投诉。干部公示制度让干部置身于员工监督之中，任何员工和干部对在职干部工作情况有不同意见，都可以向党委组织干部部投诉，党委组织干部部接到投诉后，组织相关部门进行调查取证。

3. 问责制与连带责任。追溯责任者、主管者、领导者对事件应负的责任以及适当处罚，也就是问清楚谁的责任，该处分就处分。而连带责任则是，对行政管理团队同意推荐的干部，三年内发生问题的，视情节轻重，推荐人负主要连带责任，该行政管理团队全体成员都要承担相关连带责任。

4. 监察结果应用。对干部监察结果的处理，坚持实事求是、客观公正，对于基本素质好、有发展潜力、敢抓敢管、敢于开拓创新干部，要看本质，看主流，不能因为工作中的缺点和不足就不考虑对这些干部的使用和晋升。对于犯错干部，要对错误性质进行分析，明晰奖惩制度，不能掩盖错误事实，也不能把干部变成谨小慎微的君子，这样公司就会失去战斗力。

干部选拔制，将军是打出来的

任正非说 我们是选拔者，我们只有选拔责任，不承担培养责任。下连去当兵，愿意去就去，不愿意就不去，自己认为有才能那就选择在实践中成长起来，寻找自己成长的机会。没有几个干部是培养出来的。

目前，国内许多企业都建立了完善的人才培训系统。华为为了打造学习型组织，于2005年正式注册成立了华为大学，为华为员工及客户提供众多培训课程，包括新员工文化培训、管理培训、上岗培训及针对客户的培训，等等。既然华为建立起了完善的员工培训体系，又成立了华为大学，为什么人力资源管理还要将干部选拔由培训制改为选拔制呢？

华为总裁任正非早在1999年答新员工问中的一段话，其实就给出了问题的答案："每个岗位天天都在接受培训，培训无处不在，无时不有。如果等待别人培养你成为诺贝尔，那么是谁培养了毛泽东、邓小平？成功者都主要靠自己努力学习，成为有效的学习者，而不是被动的被灌输者，要不断刻苦学习提高自己的水平。”

华为大学以分级培养后备干部为工作重心，就像抗大、黄埔军校，一批批培养出来上前线，不急于成为一个真正的大学。培养方向上以项目经理为主，可分初、中、高级项目经理，项目经理做好了，才可以做好办事处代表。颁发学历不重要，主要是培养实干能力；MBA只是有技能，而干部的天职是要担负责任。

——引自《华为EMT纪要》[2005]049号

华为干部队伍的建设，坚持“将军是打出来的”原则，认为没有艰苦的磨难，就不会产生将军，而华为的培训也要从实战出发，学以致用，不单单是传授干部知识，而是教会干部怎样做事，鼓励培养干部踏踏实实的作风，给予干部制度化、规范化等作业方法的培训，培训要与解决现实问题结合起来。

在先建组织还是先上战场的问题上，华为总裁任正非主张先上战场。还没有上战场就先封官，用任命的方式建立组织，全世界封了一大批官，到头来还是一盘散沙，根本没有作战能力。没任命先上战场，打赢了就当上连长了，战功卓著就当上军长了，下面的人跟着就当上了团长，这个结构体系建立起来就是稳固的，有战斗力的。

华为的选拔制就是你有将军的特征就选你，不是将军就不选你。华为主张不想当将军的士兵不是好士兵，对于不能当将军的人，绝对不浪费时间和精力。也就是说，华为选拔制是让有才能、有干劲、有热情、工作责任心强的人，到艰苦地区去磨炼。

既然管理干部是选拔出来的，那么还要培训体系做什么？两者之间不是很矛盾吗？任正非指出，选拔与培养两者之间并不矛盾，选拔之后就不培养了吗？显然不是。开放课程让员工自我学习，鼓励进步，对选拔上岗的干部重点培训，有针对性地查漏补缺，在干部选拔的过程中，有针对性地培养，改变过去单点输入的培养制。

另外，华为培训讲究从实战出发，学以致用，急用先学，培训士兵就教怎样捆炸药包，怎样拉导火索，而不是讲怎样当元帅。培养的目的坚持以结果为导向，没有绩效，只会垫高公司成本，培养出许多务虚的人。华为轮值CEO徐志军在华为干部组织体系建立方面指出，在主战场、主项目上，集中所有优秀骨干力量，打成功了，总结，分流，干部体系就组建起来了。

拓展解析·

当下，许多企业都在学习华为的人力资源管理模式，但学习华为的成功管理经验，对企业管理和发展无疑会受益匪浅，它成功的系统性逻辑、开创性的思维和对干部选拔培训机制，都值得深入研究和学习。

说到华为干部选拔与建设机制，就不得不说华为干部的“之”字型成长。许多企业干部都是直线型成长，对于横向业务了解不够，因此企业要想加强干部“之”字型发展，就要借鉴华为对新提拔的基层干部采用的这种模式。这种干部成长机制源于美国航空母舰舰长的培训机制，这种机制下培养出来的干部发展全面，协调性强。

过去强调“干一行、爱一行、专一行”，面对当前市场发展形势，这种理念已经无法适应现代企业管理了。例如，现在许多企业已经建立了管培生轮岗制，因为如果干部本身不适合这个岗位，硬要窝在那里，对企业本身而言，不但要增加成本，还会造成流程运转不畅，拖别人效率的后腿。

要想建立干部“之”字型成长，需要建立完善的干部职业发展通道来支撑。任正非指出，干部循环流动是正常的，让每个员工在个人潜力发挥最好的地方找到落脚点，而不是哪个部门好，哪个部门不好，最终问题还要归结到你干得好不好，只有在流动的过程中，才能发现人才。有些人，循环着就走向将军了。

人才篇

关于华为招聘、培训及人才的储备战略

华为自《华为公司基本法》颁布以来，
指出了华为以“自由雇佣”形式招聘具有创造性价值的人才，
通过人才增值培训的方式，
培养出适合华为发展的优秀人才。华为总裁任正非指出，
华为公司最宝贵的财富是人才，
其次是产品技术，再其次是客户资源，只要拥有一批不断进步、成长的人才，
华为一定能够做出任何一项技术，也一定能攻下任何一个客户。
对于企业而言，任何一个体系的打造都不是一朝一夕能够完成的，
华为在人才招聘、培训及人才储备方面，同样也是通过不断汲取先进管理理念，
结合公司发展实际，经过不断探索才逐渐形成了一套行之有效的体系，
这在推动华为高速发展方面起着不可估量的作用。

第九章

华为人才招聘战略

华为作为我国民营企业中的佼佼者，在人才招聘方面，也有着独特选人原则。华为认为人才不是越优秀越好，而是合适的才是最好的。华为需要什么样的人才由它独有的企业文化来决定。同时华为的人才招聘也有着明确的标准，正因为有了明确的标准，华为才能挑选出企业所需要的人。

华为人力资源的招聘理念

任正非说 华为公司最宝贵的财富是人才，其次是产品技术，再其次是客户资源。只要拥有一批不断进步、成长的人才，华为一定能够做出任何一项技术，也一定能够攻下任何一个客户。

人力资源是各项资源中对企业影响最大的资源，任何企业都必须重视人力资源的管理。人才招聘作为人力资源管理中关键的一环，是企业提高工作效率、实现人力资源的最优化及实现人力资源科学、合理配置的基础和前提条件。

华为认为，企业招聘是否有效，主要从以下4个方面来考量：

1. 是否能及时招到所需人员来满足企业需要。

2. 是否能以最少的投入招到合适的人才。

3. 把所录用人员放在真正的岗位上是否与预想的一致、是否适合公司和岗位的要求。

4. “危险期”（一般指进公司后的六个月）内的离职率是多少。

随着华为国际化脚步的加快，人力资源招聘体系也必须面向国际化进行改革，这又要涉及不同国家、不同文化差异以及不同工作理念，等等。这对华为的人力资源体系来说，又是一次大的考验。

华为过去是一个封闭的人才金字塔结构，我们已炸开金字塔尖，开放地吸取“宇宙”能量、加强与全世界科学家的对话与合作，支持同方向科学家的研究，积极地参加各种国际产业与标准组织，各种学术讨论，多与能人喝喝咖啡，从思想的火花中，感知发展方向。有了巨大势能的积累、释放，才有厚积善发。

——引自《以创新为核心竞争力，为祖国百年科技振兴而奋斗》

华为结合公司具体实际情况，力求实现人才招聘效益最大化，制定了一套完善的招聘原则，总结起来，主要有以下5个方面：

1. 合适的才是最好的。华为认为，人才不是越优秀越好，只有合适的才是最好的。那么，什么样的人才是合适的呢？

（1）首先明确企业需要什么样的人，是选德才兼备、以德为先还是以才为先？还是强调个性突出又或是团队合作？是需要开拓型人才还是需要稳健型人才？等等，这些软素质取决于企业文化，侧重于考察应聘者的兴趣、态度、个性等方面。

（2）明确岗位需要什么样的人，人力资源招聘部门要通过职务分析，明确某岗位所需人才要具备如学历、年龄、技能、体能等哪些条件，侧重于考察应聘者的能力、素质等方面，这些就属于硬性条件。

对于企业而言，只有掌握了标准，招聘才能做到有目的性，否则只注重人才是不是优秀，根本没办法从众多应聘者中挑出企业所需要的人才，尤其是许多优秀人才，被企业安置在了不合适的岗位上，往往会造成人才流失，给企业带来极大浪费。

2. 注重双向选择。华为招聘时特别强调双向选择这一条，绝不故意美化、夸大企业，避免导致应聘者对企业期望过度，避免出现员工进入企业后发现实际并没有自己想象中的那么好，会产生上当受骗的感觉，进而挫伤工作积极性的情况。

因此，华为无论是在招聘之初还是最后一轮面试，始终将彼此满意作为获取人才的基础，最后安排应聘者与相关负责人谈话时，负责人会将公司发展前景、发展现状、普遍存在的问题等，向应聘者做出客观的介绍。

3. 有针对性的招聘策略。华为坚持有针对性的招聘策略，对所选人才讲求“实用性”还是为后期发展储备人才的问题上，明确目的。例如，华为近几年招聘以应届毕业生为主，就可以看出此时华为更注重应聘者的发展潜力及可塑性，为企业将来的发展储备人才。

4. 招聘人员的职责。对企业负责，对应聘者负责是华为对招聘人员的基本要求，树立“优秀不等于合适，招进一名不合适的人才是对资源的极大浪费”的理念。为此，华为人力资源招聘部门会在每年年初主动参与企业及部门人力资源规划，深入一线了解企业内部人员流动去向，掌握企业在各阶段用人需求，以便于制定合适的招聘策略，为企业持续输送血液。

5. 用人部门参与招聘。什么部门需要什么样的人，只有用人部门最清楚，招聘进来的人也会直接影响部门的绩效，因此华为要求具体用人部门要和招聘部门一起完成招聘工作，甚至认为用人部门对招聘的配合与否，决定了招聘的成败。

华为为了保证招聘的实际效果，还会在正式招聘前成立一个面试资格人管理制度，对所有参加面试的考官进行培训，只有培训合格后才能获得面试资格。而且华为每年都会对面试考官进行资格审核，把关不严的将取消面试资格。华为指出，招聘人员是公司招聘人才的第一关，如果招聘人员自身素质很低，则不可能选拔出公司所需要的优秀人才。

拓展解析

在华为人才招聘理念中，“合适”是被反复强调的一个词。对于企业而言，优秀的人才只代表他拥有了优秀的能力，如果没有办法融入企业文化和工作中去，那么对企业和人才双方都是一种浪费。所以，企业人才招聘部门怎样将双向选择落到实处，才是招聘人员能力的重要体现。

企业在不同发展阶段对人才的需求也不同，因此招聘工作要因时而变、因地制宜来满足企业不同发展阶段对人才的需要。此外，人才招聘思路也不能墨守成规。在华为早期发展过程中，招聘思路只是在小范围内寻找需要的人才，人才需求偏向技术类人员。随着华为的发展，招聘思路转向了高校毕业生群体，开始引进高学历专业人才。目前，华为业务走向国际化后，再次将招聘思路偏重于配备国际化的人才。

因此，企业处于不同发展阶段，要根据自身发展现状采取相应的招聘思路，这样才可以使企业在不同发展阶段顺利实现企业不同的发展目标。

企业文化是重要招聘标准

任正非说：你想多赚钱，就得多干活，为客户提供有价值的服务！多劳多得，这就是华为文化的本质，这也是朴实、普适的道理。

认同华为的企业文化是华为人才招聘的一个重要标准。华为指出，华为是靠企业文化、精神黏合的，在于它的组织方式和机制，不在于它的人才、市场、技术等。企业领导者需要做的最重要的事就是创造和管理文化，影响文化的能力是领导者最重要的才能。

当今社会最不缺的就是人才，但是企业想要招到所需的专业技术人员却很难，而想要招到既能发挥其专业特长，又能认同企业文化的人才更是难上加难。员工认不认同企业文化对于企业而言真的这么重要吗？首先，员工不认同本公司的企业文化，就不可能发挥主观能动性，就无法积极提高自己的能力和绩效；其次，对公司企业文化不认同，就不会产生归属感，更容易出现人才流失。

这两点严重影响着企业的发展，尤其是人才流失对企业而言意味着成本的增加。华为正是因为将认同华为企业文化作为人才招聘战略的重要标准，才形成了独特战斗团队，才有了“胜则举杯相庆，败则拼死相救”，才在短短二十几年的时间内发展到如此规模。

无论是企业战略还是企业文化，最终都需要相适应的人来执行和贯彻，招聘又是企业获得合格人才的重要渠道，因此在招聘过程中融入企业文化，真正从人力资源入口来贯彻企业文化才是华为人力资源招聘战略的精髓。只有这样，才能为企业招到认同企业文化的合适人才，减少员工流失率。

优秀的企业文化需要人来贯彻执行，同时优秀的企业文化又能引导人、凝聚人、激励人、留住人，理清企业文化与人才招聘之间的关系，并将两者有效融合，是目前许多企业人力资源管理部门需要思考和解决的问题，要想解决这个问题，首先必须了解两者之间的关系。

企业文化指的是企业全体员工在长期创业和发展过程中，培育形成并共同遵守的最高目标、价值标准、基本信念及行为规范。企业文化主要包含三个层次，外层是企业的“物质文化层”；中间层次是企业的“行为制度文化层”，如规章制度、行为规范等；中心层是企业的“精神文化层”，如信念、价值标准、职业道德以及精神风貌等。这三个层次有机联系在一起，就构成了企业文化。

人才招聘指的是企业为了发展需要，通过信息发布及科学甄选，获得本企业所需合格人才，并安排到所需岗位上的工作过程。通常而言，人才招聘是人力资源管理的入口，招聘一直延续到试用期结束，新员工考核合格被任用后，整个招聘工作才能算真正完成。

企业招聘主要有外部招聘和内部招聘两种途径，两者互为补充，而决定两者主次关系的就只有企业文化。通常强调创新和学习的企业文化，主要以外部招聘为主，此类企业外部环境和竞争状态变化迅速，外部招聘可以为企业带来新观念和新思维，提高企业的活力。追求稳定的企业文化通常以内部招聘为主，此类企业外部环境较为稳定，企业需要的也是平稳的发展，内部招聘可以保证企业的内部安定。

拓展解析·

国内企业当中，将招聘与企业文化紧密融合，并落地生根的，华为无疑是将这点做到最优秀的企业之一。结合华为的实际招聘经验，企业文化与人才招聘的融合具体可以从以下几个方面出发：

1. 企业文化主导招聘。为什么要让企业文化来主导招聘呢？因为企业文化具有影响和规范内部员工思想和行为的作用，当员工价值观与企业文化相符时，就能给企业带来新动力和高绩效，否则就会阻碍企业的健康发展。

2. 招聘中宣传企业文化。招聘不仅是选拔员工的工作，也是宣传企业文化的良机。这就要求招聘人员具备企业文化特质，本身要认同和理解企业文化，这样才能影响应聘者对企业整体形象的印象，为企业招来与企业价值观相一致的人才。招聘过程融入企业文化宣传应力避简单化，尽可能安排多轮考察面试，决定人选时，尽可能把淘汰的机制放在最后两三个环节，即便落选，这些人也会较多地了解企业，对企业文化的宣传也是举足轻重的。

3. 建立心理契约。心理契约是企业与员工之间建立的隐性契约，核心是员工满意度。企业人力资源部招聘人员，应该在招聘中将员工关系从法律契约提高到心理契约的高度，在招聘的双向选择上进行企业与人才的价值观碰撞，选择认可、接受和适合企业文化的人才。

华为完善的人才招聘体系

任正非说：实践是您水平提高的基础，它充分地检验了您的不足，只有暴露出来，您才会有进步。实践再实践，尤其对青年学生十分重要。只有实践后善于用理论去归纳总结，才会有飞跃的提高。要摆正自己的位置，不怕做小角色，才有可能做大角色。

美国钢铁大王安德鲁·卡耐基曾经说过："带走我的员工，把工厂留下，不久后工厂就会长满杂草；拿走我的工厂，把我的员工留下，不久后我们还会有个更好的工厂。"同样的问题也有人问过比尔·盖茨："比尔·盖茨先生，你如果离开微软，能再创造一个微软吗？"比尔·盖茨回答说："可以，如果让我现在带走100个人。"

现代企业之间的竞争，归根结底就是人力资源的竞争，人才也成为企业发展之源，无论是优秀的管理人才，还是专业技术人才，都成为各大企业竞相追逐的对象。华为更是深谙其中之道，将人才战略写入《华为公司基本法》，并为此建立了一套完善的人才招聘体系。

近几年的华为新员工或参加过华为面试的人，都应该有深切的体验，无论是校园招聘还是社会招聘，华为的员工招聘过程相对于其他企业而言，面试过程要相对长很多，面试需要经过的轮次也比较多。

原因是什么呢？首先，各个企业人力资源部门最头痛的事莫过于很难招到企业需要的人才，因为招到的人才进入公司后，用不了多久就会纷纷走人。

其次，华为完善的人才招聘体系，就是通过一轮轮的考察严格执行人才的双向选择，并最终筛选出符合公司需求，同时又认同华为企业文化的人才，降低企业成本，减少人才的流失率，从根本上解决了人才招不到、留不住的问题。

目前，华为招聘方式主要以校园招聘为主，人才大多都很年轻，给企业注入了“新鲜血液”。华为的招聘方式除了传统的校园招聘官方网站和华为官方微博、微信外，还在腾讯教育频道搭建了校园招聘专题，将华为自身品牌优势以及公司文化融入其中，方便学生对华为公司有充分的认知和全面的了解。这也让新员工入职后，能尽快地融入企业的核心文化中去。

我们不赞成您去指点江山、激扬文字。目前，在中国共产党领导下，国家政治稳定、经济繁荣，这就为企业的发展提供了良好的社会环境，我们要十分珍惜。21世纪是历史给予中华民族一次难得的振兴机会，机不可失，时不再来。“21世纪究竟属于谁”，这个问题的实质是国力的较量，国家间的竞争归根到底是在大企业和大企业之间进行。国家综合国力的增强需要无数大企业组成的产业群去支撑。一个企业要长期保持在国际竞争中的优势，唯一的办法便是拥有自己的竞争力。如何提高企业的竞争力，文章就等您来做了。

——引自《致新员工书》

许多企业人力资源管理者很少静下心想一想，招不到人或是留不住人，往往不是薪资的问题，而是与企业招聘体系是否健全，人才对企业文化是否认同有着直接关系。当企业形成了完善的人才招聘体系，在招聘过程中建立起人才对企业文化的认同感，人才需求供给就变得并不那么困难。

目前，我国企业通常提出用人需求都是在人员急缺的情况下才开始的，这也是造成招聘效果不理想的主要原因。从另一个方面来说，企业人力资源部门对企业的人才供给，也并不只是人才招聘，更重要和关键的是思考如何做好企业的人力资源规划。

人力资源规划的概念对于从事人力资源管理的人而言并不陌生，也就是通过对企业当前及未来一定时期内人力资源状况的分析，并结合企业当前发展战略，通过人岗调配、招聘等手段，满足企业发展对人才质量及数量的需求，保证人力资源在企业内的合理配置。简单来说就是，将企业发展战略具体分解转换为人力资源发展战略，并形成完善的体系。

华为用人部门提出需求时，华为人力资源部门会根据企业目前的发展情况及整体人力资源状况，对用人部门提出的用人需求进行分析核定，然后确定其人员需求的合理性。而国内大多数企业却是只要公司管理高层批准了用人申请，人力资源部门就及时招聘，完全体现不出人力资源部门在企业发展中应当发挥的作用，把本该是自己应该做的工作，由高层来完成。

企业人力资源管理部门应该清楚地认识到，影响招聘成效的因素很多，从企业内部来说，企业知名度、企业文化、领导风格、工作环境、薪酬福利等都会对招聘带来影响，而作为企业人力资源管理者，不能简单将招聘环节孤立看待。华为成功的管理模式带给企业人力资源部门的思考是，怎样去建立并完善企业自身的人力资源管理体系，减少各种内外因素对招聘工作的影响，而这也正是人力资源招聘管理工作的根本。

拓展解析·

结合华为人力资源招聘体系，从用人需求角度分析，人力资源部门主要应该从以下3个方面来核定用人部门需求：

1．用人部门提出的人才需求量是否符合公司整体的岗位定员定编范畴；

2. 人才到岗的时间应该在什么时机最恰当；

3. 用人部门所提出的人才任职条件是否与该岗位工作职能相匹配。

对于企业的用人部门而言，很难从人力资源专业的角度准确把握人才需求量与工作量之间的合理比例，在人才条件方面，往往处于各种考量，提出过高要求，这就需要人力资源部门从专业角度与用人部门一起分析，使招聘到的人才真正符合用人部门实际需求。华为在人才招聘这个环节，真正实现了人力资源部门与用人部门的联合作战。

例如，华为招聘人员会组织面试合格的应聘者参观华为在本地的公司，或邀请他们到一家星级饭店洽谈。这个过程中，应聘者对华为会有更深入的了解，进而吸引优秀的人才加盟华为，而且华为人力资源招聘体系保证了在竞争对手招聘之前，就将人才圈到自己的怀里。因此，华为在体系保障下的招聘速度，很难给竞争对手喘息的机会。

第十章

华为人才培训体系

华为素有IT界“黄埔军校”的美誉，培养出的员工缔造了华为高速成长的奇迹，而华为员工也成为猎头公司和其他同行业企业争相追逐的对象。华为总裁任正非说：“公司有多少种员工培训中心我不清楚，员工之间的相互培训已经逐渐形成了完善的制度。”

分层分类，完善人才培训系统

任正非说 我们要善于总结，每一次总结，就是你的综合知识结了一次晶。就像渔网一样，每次总结都是做了一个渔网的结，一丝一丝的知识，就由一个一个结结成了网。谁的结多，谁的网就大，谁的网大，抓的“鱼”就多。

《华为公司基本法》第七十三条指出：“我们将持续的人力资源开发作为实现人力资源增值目标的重要条件。实行在职培训与脱产培训相结合，自我开发与教育开发相结合的开发形式。”为达到这个目标，华为在人力资源培训方面倾注了大量热情和资金，建立起了完善的员工培训体系，为员工创造了丰富的学习机会和良好的知识共享氛围，培养出来的员工也为华为创造出了“爆炸式”高速成长的奇迹。

华为公司十分重视对员工的培训工作，每年为此的付出是巨大的。原因一是中国还未建立起发育良好的外部劳动力市场，不能完全依赖在市场上解决。二是中国的教育还未实现素质教育，毕业的学生上手的能力还很弱，需要培训。三是信息技术更替周期太快，老员工要不断地充电。公司有多少种员工培训中心，我也不清楚。总之员工之间的相互培训，已逐渐形成制度。

——引自《华为的红旗到底能打多久》

为了让新入职的员工能够快速适应工作，华为在入职前就会对新员工进行重点培训。华为的入职前培训主要由军训、企业文化、车间实习、技术培训及市场演习五个部分组成。军训培训理念源自华为创始人任正非，通过军训可以让刚走出校园的大学生改掉许多不良习惯。

华为人才培训体系中另一大特色就是全员导师制。目前我国许多企业都尝试实行导师制的培训方式，但产生效果的却极少。华为的全员导师制不仅能让新员工顺利走上工作岗位，而且对导师自身发展而言，也是一种帮助。另外，华为为了让新员工快速融入企业氛围、工作环境中，还非常注重企业文化培训这一板块，通过企业文化培训让新员工快速成长为真正的“华为人”。

总结起来，华为完善的人才培训体系主要体现在以下几个方面：

1．培训系统完善。新员工培训系统、技术培训系统、管理培训系统、营销培训系统、专业培训系统及生产培训系统，组成了华为分类分层、系统完善的人力资源培训体系。华为建立了一个全球性的培训中心网络，对全球数万名员工进行培训，规模庞大，覆盖面积广。华为海外培训中心覆盖了拉美、亚太、中东、北非、独联体等地区，国内在北京、南京、广州、昆明等多个城市和地区都建立了区域培训中心。相关统计数据显示，仅2014年，华为总部培训中心就对71848人次的员工进行培训，总培训时间达到104915.6天（7小时/天）。

2. 培训方法多样。华为培训方式包括在职培训和脱产培训两种，包括华为大学在内的全球培训中心为员工提供众多培训课程。华为更注重培训要以实战为依托，强调在职培训和自我培训。任正非指出："每一个员工，都要利用点滴时间自我培训，每天、每时，与每一个人打交道，您都是受着不同方位的培训，只是您不自觉罢了。"

3. 培训内容广泛。华为的培训内容涉及众多领域，例如，华为为不同职业资格、级别及类别的在职员工制订了不同的培训计划，针对性地对员工进行技术或管理培训。为适应国际化发展战略，公司又根据各部门自身情况，推出了相应的举措和培训办法，例如外语培训、海外员工轮换交流，等等。

4. 培训质量更高。华为人力资源培训体系聚集了一流的教师队伍，配备了一流的教学环境，而且华为对于培训教师资格选拔极为严格。华为的教师队伍中，既有资深的培训师，也有经验丰富的华为专家、工程师，华为还定期邀请业内权威专家及资深教授前来授课，保证公司在技术及管理方面处于发展的前沿。

华为还注重员工心态方面的培训，聘用了一批德高望重的退休专家和教授，这些人拥有丰富的人生经验和科学的研究方法，通过思想交流和情绪疏导，帮助员工树立正确观念，掌握科学方法，促进员工的成长和发展。

虽然华为注重培训，但同时华为又强调，培训是培训不出将军的，想要成为将军，就必须上前线。因此，也可以看出华为的培训体系，一切是为了实战，这也是华为培训体系能够快速形成战斗力的原因所在。

拓展解析·

华为每年都会招聘大量应届毕业生，应届毕业生对于规模软件开发缺乏实际经验，为了保证这些新员工能够快速适应工作，华为建立了新员工培训体系，这个体系主要包含了开发流程培训、编程基础培训、业务知识培训、转正答辩考核四个部分。通过三个月的试用期培训，大部分员工都能掌握基础规模软件开发所需的基础知识，实践证明，这套培训体系是行之有效的。

1. 开发流程培训。新员工入职三个月内，公司会组织开发流程培训，培训形式为5天封闭式培训，在这5天内，由培训讲师带队完成一个小项目开发，开发过程中融入公司开发流程讲解及公司质量文化，培训结束后进行考核。这个培训主要是让新员工对公司基本开发流程和质量控制体系有大致了解，以便日后更好、更快地融入项目开发。

2. 编程基础培训。新员工在入职三个月内必须通过编程基础和编程规范两门基础知识考核，试用期满进行答辩。答辩分为A、B、C、D四个等级，D为没有通过试用期，淘汰或延期转正。通过这两门考试可以巩固新员工基础知识，养成良好的编码习惯，考试不通过或被淘汰让新员工产生一定的学习压力，培养新员工日后的学习习惯。

3. 业务知识培训。业务知识培训指的是对项目相关知识的培训，主要培训责任人为导师。培训项目有熟悉项目、学习经典案例、修改bug三项。有目的的学习过程会让新员工产生成就感，激发学习欲望，通过培训后，新员工基本都能独立修改一个模块的问题。

4. 答辩考核。试用期满，新员工编程基础考试通过后，就需要准备答辩，描述自己在试用期的学习成果，由部门组织3～4个项目经理或骨干员工组成评审专家组，对新员工进行答辩考核，答辩形式与毕业论文答辩类似，内容包括公司文化、编程技术、业务知识，成绩划分成A、B、C、D四个等级，答辩成绩为D的则被淘汰。

迅速成长，华为全员导师制度

任正非说 **孔子说：“三人行必有我师。”这句话前面没加定语，没有说三个优秀的人，而可能是三个放牛娃。放牛娃怎么可以做老师呢？所以说孔子是典型的不要面子的人，愿意向任何人求教，因此就成了中国的圣人，被称作“孔圣人”。**

华为的全员导师制通过一帮一的训练方式，让新员工有更多机会掌握更多工作尝试和专业技能，并迅速成长为骨干，不仅有效缩短了员工进入新环境的磨合期，而且增强了员工上下级之间的密切关系和员工的荣誉感。

华为内部刊物《华为人》曾经刊登了这样一个故事：

一位工人发现一个汽车的圈（零件）总是出现毛刺的问题，这位工人就自己买了一把锉刀，将问题零件的毛刺锉掉，这样零件的合格率就达到

100%。等到这位员工退休后，同样一批零件大部分不合格，原来，这位员工并没有将经验传授给他人。

这个故事当时在华为引起了很大反响，也引起了华为高层管理者的重视，他们意识到，为那些工作经验不足、工作技能掌握不到位的新员工找一位导师是非常有必要的。于是，就有了华为全员导师制。华为的全员导师制与国企过去的师徒制十分相似，最早在华为内部党支部以党员为主的思想导师制度，对新员工进行帮扶，后来说制度推广到了整个公司。

华为导师的职责比较宽泛，不仅在业务上、技术上对新员工进行“传、帮、带”，还有思想上的引导和生活上的引领，而且华为这一做法不仅限于新员工，而是全员性、全方位的，也就是说，所有员工都有导师。华为认为，所有员工都需要导师的具体指导，实现“一帮一，一对红”。华为的导师制非常值得所有民营企业学习和借鉴，也有不少企业也在实行导师制，但产生实际效果的却少之又少，原因是什么呢？还要从以下几个方面进行分析：

1. 华为全员导师制基本特点。华为全员导师制与国有企业过去实行的师徒制类似，但又不同。对于调整到新岗位上的老员工，无论资历多长，级别多高，公司都会安排导师，这个导师可以比这位员工的工龄短、资历低，但在这个岗位上业绩突出，就可以成为导师。在华为，毕业进入华为一两年的员工，照样可以成为导师。

2. 华为导师激励制度。华为为了保证导师制的落实，对导师实行物质激励，导师每月可以获得300元的“导师费”，并定期评选“优秀导师”，被评为“优秀导师”的员工可以获得500元的奖励。而且，华为将导师制提升到培养接班人的高度，并以制度形式做出规定：“没有担任过导师的员工，不得提拔为行政干部；不能继续担任导师的，不能再晋升。”

2. 华为导师要能上能下。华为在选择导师方面，必须凭借真才实学，不论资排辈，只要在这个岗位上业绩突出，那么他就是导师，这对刚入职的员工而言，也是一种激励。华为规定，如果徒弟出现问题，导师也不能得到提拔，甚至还会降职。这也促使导师承担起培训的责任。

20世纪90年代初，职业终身制还没有完全退出历史的舞台时，任正非就希望用现代科学的管理制度管理企业，实施干部能上能下、末位淘汰等一系列管理制度。然而，既想让员工努力工作，又要让员工能平静面对淘汰，显然是一件非常困难的事。但任正非知道，自己想要实现理想和抱负，让华为做到在通信行业三分天下有其一，成为世界级企业，就必须用现代理念来管理公司。

要知道，当时在通信行业，华为的竞争对手几乎都已经是世界级企业，而华为，只是一个连活下来都不容易的小公司。怎样将现今的管理制度落实？任正非想到了要为员工寻找精神导师。为此，任正非委托华为前党委书记陈珠芳去“两弹一星”基地等机构物色了20余位退休的老专家，成为华为第一批思想导师。这对于当时只有十几个部门的华为而言，几乎每个部门都有1～2名思想导师，时至今日，还有少量华为首批思想导师仍在留任，而华为也成了通信行业的世界级企业。相关报道显示，华为在2015年超越了爱立信，成为通信行业的世界第一。

拓展解析

华为全员导师制的意义主要体现为以下3点：

1. 增强员工荣誉感，对于入职时间较短就成为导师的员工而言，会在工作中更严格要求自己，在新员工面前发挥模范带头作用。

2. 对新员工而言，导师可以帮助他们迅速融入企业中来，从思想上、感情上尽快地认可企业的制度和文化。

3. 通过全系统、全方位、全员性的导师制，可以形成企业内部良好的环境氛围，增强各级、各部门的执行力。

许多民营企业员工流动率较高，新员工入职培训是个大问题。想要缩短新员工磨合期，让新员工尽快适应工作岗位，接受企业文化，华为的全员导师制是最为有效地解决问题的办法。而且，对于多数民营企业而言，全员导师制可以节省大量培训费用。但是，企业管理者需要注意的是，想要保证全员导师制真正落到实处，必须要注意以下几点：

1. 思想高度。必须在思想认识上将其放到一定高度，能够更好地促使导师对徒弟传授工作经验、业务交流，对于管理层而言体现了决策指挥、领导艺术等方面的能力，必须以帮助员工更好地理解公司的意图，提高各个层次执行力为目的。

2. 制度保证。操作过程必须建立一套科学合理的制度，用制度来保证实施，其中包括激励方式、协议、考核标准、责任、奖惩等方面，而且制度必须契合公司实际。

3. 新员工。对于新员工而言，必须在上岗之前完成这方面的工作，试用期开始就接受导师的全方位指导和引领。

4. 老员工。对于岗位调整的老员工而言，也非常有必要安排导师，并作为晋升与否的重要依据来考核。

华为大学，培养将军的摇篮

任正非说 **什么都可以缺，人才不能缺；什么都可以少，人才不能少；什么都可以不争，人才不能不争。**

华为大学被誉为中国企业的黄埔军校，2005年正式注册成立，为华为员工及客户提供众多培训课程，包括新员工文化培训、上岗培训及针对客户的培训等。目前，华为在美国、德国、瑞典、俄罗斯、印度以及中国北京、上海、南京等多地设立了多个研究所。截至2008年底，华为已累计申请专利超过35773件，PCT（专利合作协定）国际专利申请数跃居全球第一。

培养将军是华为大学成立的初衷，任正非在对华为大学要求方面强调："你们是否能够喊出'这就是将军的摇篮'的口号？如果不这样，你们就脱离了这个时代，就像在世外桃源一样，就没有和现在形势的紧迫感结合起来，你们的重要作用就没有得到各个部门的认同。"

为了激发华为大学学生主动学习，华为改变了传统企业大学的免费模式，开启了收学费的措施。收学费的目的是将以往被动培养变成自我培养，华为强调，培养不是等待被动培养，而是自我培养，自我成长，不收钱别人就会心态不平衡，要改变过去单点输入的培养制度，在干部选择的过程中，触发有针对性的培养。

华为总裁任正非强调，华为大学将来想要发展，就一定要赚到钱，将来没人拨款给你。而且，华为大学教师也与其他企业大学教师完全不同，在华为大学中，老师是组织者，而不是传授者，教学方式也是启发式，而不是灌输式。随着企业国际化步伐不断加快，华为大学内部讲师团队可以用汉语、英语、法语、俄语、西班牙语等多国语言进行培训。

华为大学在硬件保障方面，有培训教学楼、高级培训中心、教职员楼等主要硬件，拥有各类多媒体教室、高级管理研讨室，满足培训的课堂教学、案例教学、上机操作、工程维护实习及网络教学等多种形式的需要。

培训体系方面，华为大学不但承担着员工岗前培训，还有岗中培训及岗下培训，完善的培训体系保证了员工能及时跟上时代瞬息万变的需要，更好地为公司发展做贡献。另外，华为大学还设有能力与资格鉴定体系，对员工技术和能力进行鉴定。

在师资力量方面，华为建立了专业的培训师团队，制定了严格的程序评估及筛选制度。教师中除了资深培训师外，还有经验丰富的华为专家和工程师。华为强调，教师必须是具有实践经验的人，没有实践经验的教官不能讲课，只能做组织工作。另外，华为还定期邀请业内权威专家及知名大学资深教授前来授课，保证公司总能处于新技术、业务及管理科学发展的前沿。

一直以来，企业办学总被人视为“不务正业”，在这种意识的影响下，培训师也容易产生吃力不讨好、职位难以晋升的想法。一旦这种想法在心里滋生，人就会心理失衡，萌生去意。而华为大学的师资队伍建设走在了培训领域的前列，为我国广大民营企业竖起了标杆，许多先进的管理理念及方法，都具有极为重要的借鉴价值。

拓展解析·

案例教学一直是华为沿用的重要教学方法。任正非指出，华为大学教学案例必须要来自于华为和社会的真实案例，本本主义案例一个也不要。虽然有些真实案例不能成为好的教材，但这些案例是别人做成功的，或是正在使用的，如果你认为案例有欠缺，可以补充，但不能关起门来编案例，想当然的东西打起仗来绝对用不到。

华为案例教学，注重实战，没有实际意义的案例，就会被踢出教材。华为案例教学的精髓，总结起来就是任正非总裁所强调的4个阶段：

1. 启发式学习。任正非强调，启发式教学开始，先读好教材，最好每天考一次试，促进学员通读，考试后老师先不要改卷子，直接贴到心声社区，贴到网上去，让周边的人看看，给他学习压力。

2. 自己来演讲。任正非强调，演讲不能说我学了好多理论，我就背那个条条，这种演讲就毫无价值。要讲在实践中具体做了哪些事、符合或不符合这个价值观，只要是你自己讲的，就是合格的，不动脑子喊口号，拍马屁的，就是不合格分子。

3. 大辩论。将观点和故事讲出来，没有实践的纯理论的东西，不能上台讲，演讲完了要进行辩论。

4. 论文答辩。任正非强调，论文只要是理论性的，就是零分。没有实践，你看到别人做了一件事情特别好，从中学到了东西，也可以写，但是要当事人做证明人，找不到证明人的，这个阶段就不算过。

第十一章

华为人才使用原则

华为从人才招聘，到人才培养，再到人才使用，每个环节都付出了巨大心血，为国内企业树立了一个可以学习的典范。在人才使用方面，华为找到了集权与放权之间的平衡点，将企业目标与个人目标统一起来，并形成了一套完整的人才评价体系。

让听得见炮声的人做决策

任正非说 **我们后方配备的先进设备、优质资源，应该在前线一发现目标和机会时就能及时发挥作用，提供有效的支持，而不是拥有资源的人来指挥战争、拥兵自重。**

华为在用人方面，最具特色的莫过于任正非提出的“让听得见炮声的人做决策”，这个制度的实施，大大提高了华为公司运行效率，加快了华为向世界级企业进军的步伐。2009年第三季度末，华为甩掉诺基亚、西门子和朗讯，成为仅次于爱立信的全球第二大移动通信设备供应商。就在华为成为全球设备供应巨头时，任正非担心组织机构的日益庞大，会形成尾大不掉之势。

2009年新年之初，任正非向华为全体员工提出了“让听得见炮声的人做决策”。任正非强调，机关不了解前线，但拥有太多的权利与资源，自然而然地设置了许多流程控制点，不愿意授权，增加了运作成本，滋生了官僚资本主义及教条主义。这拖了作战部队的后腿，因为好钢没有用在刀刃上。

自这个制度实施以后，华为公司的运转效率再度加快，并于2015年成功超越了爱立信，成为全球第一通信设备供应商。华为的迅速崛起，不得不说是一个奇迹。奇迹背后，归根结底还是得益于华为的成功用人制度，将人的潜力充分挖掘出来，为华为去全力战斗。

什么是“听得见炮火的人”呢？在华为，“听得见炮火的人”指的是与客户紧密接触的团队，包括销售人员、售前技术人员、售后技术人员等。华为的第一“炮火”是客户的需求、对方的情报和资源、市场环境等；第二“炮火”是公司赋予的各类资源，包括团队人员、支撑人员、成本、物流、设备等。用任正非的话说就是：“让听得见炮火的人有权呼叫炮火，在资源有限的情况下，优先、科学、快速地发射炮火，以获得最大收益。”

华为强调，授权最重要的不是金钱，而是要建立一种文化，让一线团队与公司高管形成一种水乳交融的关系。那些因长时间脱离一线而失去现场解决问题能力的人就要被淘汰，而这也是华为20多年的发展，从高度中央集权转为分权制衡、协调发展的缩影。

以美军在阿富汗的特种部队来举例。以前前线的连长指挥不了炮兵，需要报告师部请求支援，等到师部下命令后炮兵才会行动，作战效率很低。为了解决这种弊端，美军建立了一种“呼唤炮火”的体系，即前线三人一组，包括一名信息情报专家、一名火力炸弹专家、一名战斗专家。

他们对对方的领域相互之间有一定了解，当发现目标后，信息专家利用先进的工具确定敌人的集群、目标、方向、装备等，炸弹专家配置炸弹、火力，计算出必要的作战方式，按授权许可度，用通信呼唤炮火，不再通过上报等待上级决策。美军这种作战小组授权方式是用作战规模来定位的，例如：5000万美元，在授权范围内，后方根据前方命令就会及时提供炮火支援。

——引自任正非于2009年在华为销服体系奋斗颁奖大会上的讲话

华为采用的便是这种模式，对基层作战单元进行授权，在授权范围内，甚至不需要代表处批准就可以执行。而其执行操作表现为以客户经理、解决方案专家、交付专家组成工作团队，形成面向客户的“铁三角”作战单元。

“铁三角”的精髓就是为了目标而打破功能壁垒，形成以项目为中心的团队运作模式。“铁三角”只是形象说法，也可以是四角、五角甚至更多。通过这种模式，华为将公司主要资源用在了找目标、找机会，并将机会转化成结果上。后方先进设备、优质资源保障前线发现目标和机会时能够及时发挥作用，提供高效支持，改变了拥有资源的人指挥战争、拥兵自重的弊端。

因此，华为强调“让听得见炮火的人呼叫炮火”，这样就做到了在资源有限的情况下，优先、科学、快速地发射炮火，为公司获取最大收益，而不是简单对一线团队进行放权。华为值得国内企业借鉴的“让听得见炮火的人做决策”实际上是重新构建与之相匹配的新管理体系，重新优化流程，加强管理，在过程中加快效率，并获得结果。

由“让听得见炮火的人呼叫炮火”会让信息传递更加准确，同时还必须“让能听懂呼叫的人支撑炮火”，这样的用人机制才能保证企业实现科学、可持续发展。

拓展解析·

“让听得见炮声的人做决策”理解起来并不难，但想要实现这个目标，需要构建一系列科学合理的体系来保证实施，这个体系必须包括四个方面：“能听到炮火”“能听懂炮火”“能呼叫炮火”“炮火能呼之即来”。因此，“让听得见炮声的人做决策”并不是一句简单的口号，而是对公司从上到下权力分配、资源流转、支撑服务、考核评价等一系列用人机制的重新构建，是对每一个功能节点职能的重新定位和责任赋予。

1. 能听到炮火。增加“能听到炮火”的团队数量，保证更多的信息来源于市场，来源于客户，保证及时、准确地反馈市场内部的任何变化。

2. 能听懂炮火。公司要培养更多“能听懂炮火”的人，这些人就是华为所说的少将连长，而不是简单按照领导命令执行的人，必须具备培养并锻炼队员的能力，合理组织工作的能力，与客户的沟通能力，敏锐的嗅觉能力，等等。

3. 呼叫炮火的权力。公司培养出“能听懂炮火”的人，就要赋予这些人“呼叫炮火”的权力，做好对授权数量、类型、大小、使用效率等方面的规划和管理，既不能不放权，也不能全部放权。

4. 炮火能呼之即来。“炮火呼之即来”即来体现了企业的及时响应能力，让赋予的权力发挥出最大作用，为企业带来更大收益。

总之，企业想要构建一个这样的高效用体系，就必须打破固有体系的束缚，优化工作效率，并保证体系能够高效、及时、准确地运行，从而逐步实现公司现有的用人机制的变革，为企业实现发展目标。

实践出真知，在战火中快速成长

任正非说 如果我们不重视这些前方勇士，不给这些人培养机会，那么我们是在自取灭亡。因此，我们一定要给前线更多的机会。

华为在用人方面，提倡既要努力学习，又要实践出真知，反对员工好高骛远，追求不切实际的目标，坚持“小改进，大奖励；大建议，只鼓励”的原则。并且要求员工克服眼高手低的毛病，做一个踏踏实实、在本职工作上有作为的人。

任正非指出，实践是提高水平的基础，它能检验出工作的不足，只有将不足暴露出来，人才会有进步。实践再实践，尤其对新员工十分重要，只有实践后善于用理论去总结归纳，才会有飞跃式的提高。因此，在《华为公司基本法》第七十二条明确规定：“没有周边工作经验的人，不能担任部门主管。没有基层工作经验的人，不能担任科以上干部。”

杨玉岗1998年刚进华为的时候，正赶上华为提倡“博士下乡，下到生产一线去实习、去锻炼”，身为博士，他顺理成章地也去生产车间实习。实习完之后，杨玉岗被安排到电磁元件工作岗位上，作为堂堂的电力电子专业博士，他认为，自己理所当然应该干项目，而且应该干大项目，结果却让他干电磁元件这种“小事”。杨玉岗有一种不被重用、才华被埋没的感觉。在他看来，电磁元件的工作既无成就感，又无发展前途，而且只能用到自己所学的很少的一部分专业知识，真所谓“杀鸡用了宰牛刀”。出于服从领导的分配，杨玉岗硬着头皮勉强干上了电磁元件这“不起眼”的行当。后来工作的经历和体验让他认识到，电磁元件虽小，学问却很大。

杨玉岗到电磁元件岗位不久，华为电源产品因某种电磁元件故障，导致运行不稳定，在市场上频频告急，一度造成某些地方的系统瘫痪。华为因此丢失了很大的订单，经济损失巨大。在严峻的形势下，研发部领导把解决该电磁元件故障的重任交给杨玉岗。当时杨玉岗对公司产品了解不多，没有设计电磁元件的经验，只是凭着工程部领导和同事的支持与帮助，经过多次反复与失败，设计思路才渐渐清晰。

经过60天日夜奋战，杨玉岗等人硬是把电磁元件这块硬骨头啃下来了，使该电磁元件的市场故障率降为零，每年节约成本110万元。此后两年，华为所有的电源系统都采用了这种电磁元件，再未出现过任何故障。

这让杨玉岗认识到，电磁元件虽小，里面学问却大。公司发展无止境，电磁元件的研究也永无止境。做大事，必先从小事做起，否则，在成长与发展的道路上就要做夹生饭。他发现当初领导让他做小事是对的，而自己又能够坚持下来也是对的。

——引自《华为经营管理智慧》(作者：程东升、刘丽丽)

华为不断将一批批高层干部下放到市场锻炼，与其他企业不同的是，华为不是将差的员工调走，而是将优秀的员工下放到各地基层去锻炼。对华为这种制度，一位华为工程师在文章里写道：“一开始我们都不理解，后来终于明白，只有最好的人去，才能真正了解基层，回来后才能真正改进工作。”

而且，华为新员工一去就是数月，甚至几年，而这绝不是走形式，只有将那个基层岗位做好了再考虑别的。无论是本科生、硕士生还是博士生，都要经历实践这一关，华为前副总裁郑树生、徐直军等高层管理者，也都是博士毕业后直接被“发配”到了基层，在一线做出杰出贡献后，才得到提拔的。

小事不愿干、大事干不好的员工在华为是被淘汰的对象，华为坚持实践出真知的原则，华为认为，华为人已经拥有了深厚的理论积淀，如果再经历一线战火的洗礼，就会得到突破，成为真正可用的人才。事实也证明，华为的这套用人观点是正确的，许多人才通过实践，找出了自身存在的问题，在不断改正的过程中迅速成长起来。

华为总裁任正非长期坚持将华为建设成为一个学习型组织，他指出：“员工有不学习的权利，公司也有在选拔干部时不使用的权利。”在用人方面，华为从培养员工的狼性到维护狼性，从企业文化建设再到将文化做实，华为员工用自身的发展经历，证明了实践出真知这条真理。

拓展解析

华为人力资源管理体系建设为我国本土企业树立了可以学习和借鉴的典范，但成功背后华为所经历的过程也是十分艰辛的，成功没有捷径，从招聘人才，到培训人才，再到使用人才，华为在人力资源建设的每一个环节都付出了巨大的心血。华为的用人之道可借鉴之处颇多，主要特点总结起来主要表现为以下几点：

1. 用人机制。华为建立了富有活力的用人机制，允许和鼓励员工换岗，帮助员工掌握多种技能适应竞争，促进了人才的有效配置，激活了沉淀层。同时，华为建立起了人才培训体系，采用末位淘汰制，鞭策员工不断进步。

2. 激励机制。华为实行全员持股制度，价值分配体系体现知识劳动的价值，员工持股会根据其“才能、责任、贡献、工作态度与风险承诺”等做出动态调整，将精神追求与利益回报有机结合在了一起。

3. 培训机制。华为内部建立了培训制度，年轻员工每年有7％的时间接受培训，采取派出员工到国外考察学习，向著名大学提供贷学金、奖教金或特殊津贴等方式，建立长久多样的人才供应渠道。

4. 注重实践。华为不考理论，不唯学历论，无论学历高低，来到华为必须先到基层去实践，用能力说话，用成绩说话。没有基层实践经验，在华为是没有晋升资格的，这也逼着所有员工奋力向前，争取进步。

破格提升，不拘一格降人才

任正非说 提拔一个人的目的就是要激活一大片，我巴不得你想当少将，要当少将就要拿出少将的条件来。

一通电话就飞到利比亚、阿尔及利亚等世界各个角落，这在华为是家常便饭，而且一去就是几个月，甚至一年半载，而且通常都是到落后环境中去做最艰苦的事。当然，员工有权拒绝，但华为指出，去，就是给你一个舞台，给你一个成长的机会，只有最优秀的员工才有被派到海外的资格。

当然，去海外艰苦的一线，华为也有一套福利保障制度，各种津贴和补助都非常高，而且华为股票分配及分红，也在向这方面倾斜，只要绩效做好，就能拿到高额分红。为什么不去呢？物质奖励是一个方面，另一方面，重要的激励政策就是升值通道。

华为强调“不拘一格降人才”，并善于创造条件让优秀员工快速成长，承担更大责任，加快干部与专家队伍建设来保证公司的持续有效增长，并为此建立了针对优秀人才破格提升制度，对符合条件的员工，可以不受现有个人职级限制，直接选拔任用到其所担任的对应岗位上，华为每位轮值CEO每年都有50个破格提名权。

公司要崇尚一种价值观，也要容忍一部分英勇的人有缺陷。对优秀人员，是对他的约束多一点还是激励多一点？还是要激励多一点。不能要求他们成为完人，优秀人才的劳动态度考核并不重要，结果才是最重要的。但对一般性的人员，没办法很清晰地评价结果，结果评价的成本高，所以我们把劳动态度作为约束条件。劳动态度的评价结果，不作为破格升级的必要条件，就是给各部门一个信号，不要动不动就把这个作为武器去约束一些特殊人才。以后破格提拔的，大部分可能会是专家，对于管理干部，任用机制慢慢走向正轨以后，大多数干部的评价还是得到肯定的，有部分专家可能是埋在深山里面，大家不知道，会突然冒出来的。

——引自任正非于2012年7月27日在EMT办公例会上的讲话

对于员工选择公司而言，薪资及福利待遇是必须考虑的因素，同样，日后自身发展方向以及企业能够提供的发展通道，也是决定员工对企业认同感及工作积极性的重要因素。既薪资合理，又能根据自身特长选择适合自己的发展通道，员工必然会积极工作，在实现自身价值的同时为企业创造效益。

“自古华山一条路，万众一心奔仕途”，是目前国内众多企业存在的弊病，造成这种弊端的原因归根结底主要有以下几种：

1. 好的不奖，坏的不罚。企业员工考察制度不完善，很容易让优秀员工产生负面情绪，要么这些优秀人才选择离开，要么选择不作为，最后变成坏员工。

2. 看不到希望。有些企业福利制度不错，但员工晋升通道不明确，这会让优秀员工心中产生迷茫情绪，看不到自身的未来，最终会造成优秀人才的流失。

3. 价值分配不合理。有些民企老板公司业绩不错，但在利益分配方面不合理，或者说只顾着往自己兜里装钱，而企业员工共同努力为企业创造了价值，最终却享受不到企业利益，人才流失也就成了必然。

4. 企业领导者不作为。企业领导者不作为的直观体现就是企业只注重眼前利益，没有长期发展规划，难以给员工带来安全感，员工很担心哪一天公司就没有了，因此企业领导者目光短浅也是制约企业发展的重要因素。

华为在人力资源管理体系建设上，创立了五级双向晋升通道，先梳理出管理和专业两个基本通道，再按照职位划分原则，将专业通道进行细分，衍生出技术、营销、服务与支持、采购、生产、财务等子通道，这些专业通道的纵向再划分出五个职业能力等级阶梯，如下表所示：

类别 级别	管理类	专业、技术类
五级	领导者	资深专家
四级	管理者	高级专家
三级	监督者	专家
二级	有经验者	
一级	初做者	

华为的一系列用人制度，不仅避免了评价中的偶然因素，也符合员工职业发展需要持续贯彻的原则，摆脱了论资排辈的掣肘。通俗来说，华为用人的精髓就是：你努力，你业绩好，你就上；你不努力，你不能为公司创造价值，你就下。

拓展解析

目前，我国企业在人才使用方面，普遍存在的问题主要有以下3点：

1. 企业没有明确发展方向，不清楚需要提拔和培养哪方面的人才。

2. 对人才能力缺乏衡量标准，对内部员工不能合理区分，也无法与业内水平进行有效比对，导致无论是竞聘上岗、岗位轮换还是梯队建设，都缺乏有效的评价依据。

3. 没有明确的体系保证人才能力快速提升。

从华为在人才使用方面的效果来看，完善任职资格体系发挥了重要的作用，主要体现在以下几个方面：

1. 在人才选拔方面，华为建立了明确的行为评判标准，为竞聘上岗提供了主要依据。

2. 华为公司为员工开辟了多条职业晋升通道，利于员工实现与企业共同发展的价值追求。

3. 华为通过资格认证体系，将员工能力与标准进行比较，进而能够对员工进行系统、有针对性的培养。

4. 完善的任职资格体系也为华为建立基于能力的薪酬体系奠定了基础，形成了可以看得见的能力标尺，让员工感受到不进则退的压力，进而激发出员工内在强烈的自我学习动力。

华为的人力资源管理体系中，在员工使用方面，主要将员工分成了三类人，然后根据不同类别进行不同的管理。

1. 第一类为普通劳动者，也就是华为定义的12级及以下劳动者。华为对这些员工按法律相关的报酬条款，保护他们的利益，并根据公司经营情况，给他们稍微好一点的报酬。

2. 第二类为一般奋斗者，华为允许一部分员工不是积极的奋斗者，企业有一个小岗位在这个地方，这部分员工就可以任职这个岗位，踏踏实实做好小职员。

3. 第三类是有成效的奋斗者，这部分员工是华为员工的主要构成部分，华为与这部分员工分享公司剩余价值。华为强调，奋斗者是企业的中坚。

华为总裁任正非指出，我们强调按贡献拿待遇，正是基于居安思危的考虑。这从一个侧面印证了华为“不拘一格降人才”的用人标准。

第十二章

华为人才储备战略

随着华为公司国际化步伐的不断加快，华为也在不断调整自己的人才战略，尤其是在人才储备方面的资金投入也是国内其他企业无法比拟的。华为在实现跨国化、向世界级公司努力的过程中，不断完善企业的人力资源体系，坚持艰苦奋斗的企业核心价值观不变，着眼于未来，注重实践，致力于打造一支善于学习的接班人队伍。这便是华为的人才储备战略。

摆脱“三个依赖”，走向自由王国

任正非说 **一个企业的内、外发展规律是否真正认识清楚，管理是否可以做到无为而治，这是需要我们一代又一代的优秀员工不断探索的问题。只要我们努力，就一定可以从必然王国走向自由王国。**

华为创始人任正非早在1994年就曾提出，华为要思考怎样全面而系统地建设公司。华为是一个技术密集、资金密集、人才密集的企业，必须在奋力发展的过程中，逐步摆脱对人才的依赖、对技术的依赖、对资金的依赖，从必然王国逐步走向自由王国。

1997年，任正非再次强调，能否摆脱对人的依赖是衡量管理好与坏的标准。从字面上来看，摆脱对人的依赖与人才储备战略，两者之间似乎看起来是对立、矛盾的，然而这恰恰是华为人力资源管理的精髓所在。

关于自由，任正非的解释是：“火车从北京到广州沿着轨道走，而不翻车，这就是自由。自由是相对必然而言。自由是对客观的认识。人为地制定一些规则，进行引导、制约，使之运行合理就是自由。”怎样理解任正非总裁的这些话呢？通俗来说就是，建立规范的机制和流程，保证公司的正常运转，用制度管理取代人的管理，通过有效的管理构建起能够让技术、人才和资金发挥出最大潜能的平台。

管理学上有一个观点：“管理控制的最高境界就是不控制也能达到目标。”这实际上就是老子所说的那句话：“无为而无不为。”《基本法》就是为了使公司达到“无为而无不为”的境界。好像我们什么都没做，公司怎么就前进了？这就是我们管理者的最高境界。

——引自任正非于1997年在《基本法》第四稿修改会议上的讲话

华为高速发展的事实证明了任正非人才战略的正确性。自我国改革开放以来，大批民营企业开始崛起，然而当企业发展到一定规模，组织就开始出现惰怠，最终不是死于外部竞争，而是亡于内部腐烂。民营企业要怎样谋求发展，发展后又如何规避堡垒从内部被攻破呢？关于这个问题，不仅华为在探索中发展，如海尔、阿里巴巴、腾讯等众多企业都在实践中不断探索。

只是华为的探索更加坚定，更加动人心魄。华为瞄准了我国的组织问题，少说，多做。我们所看到的，已经是华为经行之有效的时候。华为认为英雄来自于前线，来自于基层，将军为什么不能出自英雄呢？

汉武帝时期名将霍去病17岁成为英雄，19岁成为将军，22岁就建立了不朽的功勋。从现在华为的人才储备战略不难看出，华为正在挖掘和培养无数个“霍去病”。任正非曾经在一次工作会议上举过这样一个例子：“外国的人才流动比我们大得多，人家说两个月出差回来办公室一坐，三分之一都是新人，人家为什么还能运行得非常良好呢？华为公司要用三到五年的时间实现管理上与国际接轨。”

华为坚持以奋斗者为本，将最大的现金收入、股份分配向奋斗者倾斜，找准人才突破口，从他们的心意出发，去碰撞、激发和创造出一个与众不同的奋斗者。华为认为，华为要保持持续发展，未来人才储备必须要传承华为的奋斗精神。要做到这一点，就要建立一套相应的管理机制和流程。

华为指出，过去华为只是一个由英雄创造历史的小公司，现在正在逐渐变革为一个职业化管理的具有一定规模的大公司，淡化英雄色彩特别是淡化领导者、创业者的个人色彩，是实现职业化管理的必由之路。只有管理职业化、流程化，才能真正提高一个大公司的运作效率，降低管理内耗。

华为的人才储备战略，正走向一条全新的变革之路，这条路既要符合国内需求，又能与国际接轨。人才储备最重要的是知识、技能，还是学历？其实，这些方面在目前人才市场已经不再缺乏，关键在于企业文化与价值观能否传承下去，这点非常重要。尤其是对于目前员工数量十几万、研发基地遍布全球的华为而言，企业文化与价值观能否传承下去，关系到公司能否长治久安。

拓展解析

对华为而言，艰苦奋斗是它的“灵魂”。虽然华为人力资源管理随着公司的发展在不断变革，但艰苦奋斗这个基础价值观从来没有变过。新员工进入华为，处处都能感受到艰苦奋斗。

有些人可能会问，华为都发展到如此规模了，为什么还要艰苦奋斗？相信这也是许多企业的堡垒从内部被攻破的症结所在。与其回答这个问题，不如先想一想另一个问题，那就是：华为为什么能活到今天？华为的未来靠什么活下去？

华为的人才储备战略也是围绕着以上两个问题来展开的。任正非强调，华为人的艰苦奋斗创造了今天的华为，而艰苦奋斗也是华为将来能够活下去的保证。任正非对新员工说："华为公司是一个以高技术为起点，着眼于大市场、大系统、大结构的高科技企业。以它的历史使命，他需要所有员工必须坚持合作，走集体奋斗的道路。没有这样一种平台，你的聪明才智是很难发挥，也不会有所成就的。因此，没有责任心，不善于合作，不能集体奋斗的人，等于丧失了在华为进步的机会。"

面对国内企业存在的弊端，为公司长远发展考虑，华为的人才储备战略具有很高的借鉴价值。即不断优化机制和流程，形成一种良好的循环机制，将人的因素与企业运行机制相分离，保证任何人离开企业后，机制依然能不断运行下去，而这也是华为人力资源管理在不断变革中探索出的精髓。

接班人必须认同企业核心价值观

任正非说 接班人是用核心价值观约束、塑造出来的，这样才能使企业长治久安。接班人是广义的，不是高层领导下台就产生个接班人，而是每时每刻都在发生的过程，每件事、每个岗位、每条流程都有这种交替行为，是不断改进、改良、优化的行为。

企业经过多年创业后，必将进入新老交替的阶段，老一辈面临集体退出商业舞台的局面，如何将手中接力棒交给下一代，怎样保持企业可持续发展，这些是世界上任何企业在人才储备战略中都必须重视，同时又无法避免的重要问题。

华为强调，企业接班人必须认同华为文化及企业核心价值观。被誉为“股神”的巴菲特在谈及接班人时，强调的同样是企业文化和核心价值观。柳传志同样指出，联想接班人关键是要认同联想核心价值观。可见，企业文化与核心价值观的传承在企业人才储备战略中的重要地位。那么，为什么各大企业在谈及接班人时，如此重视企业文化与核心价值观呢?

企业文化是在企业核心价值观的基础上形成的，其形成过程并非一朝一夕，而是通过不断地实践并最终成为企业的灵魂，是企业得以持续发展的动力，产生企业凝聚力的核心。如果接班人不能认同本企业的核心价值观，就会破坏企业凝聚力，加速企业走向灭亡。正因如此，华为一直强调从内部培养将军、培养接班人，反对空降人才，并将企业接班人制度写入了《华为公司基本法》。

进贤与尽力是领袖与模范的区别。只有进贤和不断培养接班人的人，才能成为领袖，成为公司各级职务的接班人。高、中级干部任职资格的最重要一条，是能否举荐和培养出合格的接班人。不能培养接班人的领导，在下一轮任期时应该主动引退。仅仅使自己优秀是不够的，还必须使自己的接班人更优秀。

——引自《华为公司基本法》

美国企业研究者在20世纪90年代提出了三个命题：一是企业过去靠什么成功?二是企业过去成功的要素中，哪些持续帮助企业成功，哪些成了障碍?三是企业面向未来，成功要依靠什么?《华为公司基本法》的制定，似乎回应了这三个命题，华为不仅对过去成功经验进行了系统的总结、提炼及深化，而且基于以往经验的继承形成了华为独有的企业文化。华为提出自我批判、自我超越的观点，对企业未来可持续发展完成了系统思考，这也为华为人才储备战略指出了明确的目标和方向。

华为指出，华为这座大厦能不能坍塌完全取决于管理是否能进步，而管理能否进步又取决于两个问题，一是企业核心价值观能否被员工接受，二是能否自我批判。任正非强调，没有华为文化，不能融入华为文化，是不能做干部的，是要下去的。任何一个华为员工都要遵守华为人的行为准则，任何一个干部都要发扬企业文化，并有所创造。

接班人是企业人力资源储备战略中的重中之重，接班人的优劣决定着企业未来的前途和命运，优秀的接班人团队可以让企业发展壮大，而想要摧毁企业文化重建的接班人团队，往往会让企业一败涂地。不同企业都有不同的经营哲学、行为方式、做事原则、企业使命、核心价值观，等等。这些理念、规则组成了企业文化，当企业员工普遍接受并形成了这种做事思维时，盲目将其推翻再去建立一种新的企业文化，很可能会给企业带来极大的灾难。

随着华为迅速崛起，人才国际化也就提上了日程，我们可以看到华为的人才战略也逐渐从培养制变革为选拔制。选拔制并不代表企业不培养人才，反而华为在人才培养方面加大了投入，对选拔出来的优秀人才进行再培养，使之最终能够成为华为所需的优秀接班人。

关于接班人，华为强调最多的一个词就是“传承”。干部要传承公司价值观，所有干部都要抓价值观的传承，将企业的文化和核心价值观传到基层去。华为指出，公司能够保持高度团结统一，靠的就是共同的价值观和认同观，用价值评价规律牵引文化认同，如果企业在没有达成文化共识时就权力下放，华为帝国早就土崩瓦解了。

拓展解析

培训是有效传承企业文化的手段，也是企业培养未来接班人的重要方法。无论多么优秀的员工，都需要企业对其进行针对性的培养，这不仅包括专业技能和知识，更重要的是让他们认同企业核心价值观，并承担起企业文化传承的重任，并以此发掘出一批有才能的接班人。

提到企业接班人，多数人想到的都是企业创始人的传承。实际上，对于企业而言，接班人意味着每个管理级别人员的接任问题。例如，公司某位主管离开或升职后，有没有合适的人选接任，接任后对于公司业务有哪些影响。通过对华为人才储备战略的分析，企业培养接班人可参考以下几点：

1. 体系划分。对接班人体系划分主要是指按照人才不同潜质，划分出专业型人才和有管理潜质的人才，并根据个体不同情况，慎重做出判断及培养方向。

2. 案例培训。注重实践的案例培训法也是华为人才培训的特色，通过真实案例培训锻炼人才将知识转化成实践的能力，为人才顺利接班打下坚实基础。

3. 实践磨炼。实践对于未来接班人十分重要，身为管理者，纸上谈兵是大忌，企业想要培养接班人，就必须让培养对象经历实践的磨炼。只有经历更多的实践并获得一定的成功经验，培养对象将来才能管理好公司。

总之，企业培养接班人必须面向未来，而且必须要趁早，对接班人的思想觉悟和职业道德考验也是必不可少的环节。对接班人的培养越早，考核体系越系统，越能保证企业长期稳步发展，避免企业遭受不必要的经济损失。

人力资源导向冲锋，保持队伍持续奋斗

任正非说 **我们培养人的目的，是要为实现企业目标而努力奋斗。如果缺少这种品德的人，担任了各级负责干部，团队就会逐渐惰怠，就像温水煮青蛙一样，企业会逐步萎缩。**

冲锋导向是华为人力资源管理导向的关键，其核心本质就是激励问题，就是要实现企业利益分享。例如，2015年上半年，华为业务增长30%时，消费者事业部直接宣布当年发两次年终奖，这也充分体现了华为冲锋导向的特点。华为获取利益后的分享是其他国内企业做不到的，同时，华为员工的分享机制也不利于获取。

在人力资源导向冲锋的变革中，华为主要抓住了以下4个改变的点，才有了如今巨大的成功：

1. 组织流程的优化和再造。

2. 实现针尖战略。

3. 竞争对手出现衰退现象。

4. 人力资源本身持续的改革。

华为公司今天的成功不是一个人奋斗的故事，而是一个无私的领导阶层带领着一群不服输的团队，在艰苦奋斗的路上创造了奇迹。作为注重传承的华为而言，在人才储备方面，更注重将企业的艰苦奋斗精神传承下去，培养一批敢于冲锋的接班人。

人力资源体系要导向冲锋，要让队伍持续去奋斗。如何让队伍持续奋斗？你怎么考核他，你的考核方法是什么，这是关键。我的考核方法，不仅考虑他和别人比，更要考核他和自己比，自己和自己比，看是不是进步了。说末位淘汰，那看你自己进步了没有，你怎么才叫进步，我们综合看一看，没进步，你自己就下台，换个人上台，这样，我们新陈代谢，流水不腐。我们如果确保老干部的地位，确保中层干部的地位，最终结果就是我们葬送了人才的地位，让真正的人才上不来。我们要成为一个开放的平台，人人都可以跳舞，下去的人还可以上来的。

——引自《人力资源体系要导向冲锋，不能教条和僵化》(2009)

华为通过不断贯彻奋斗的精神和理念，将客户需求导向和为客户服务蕴含于干部及员工招聘和选拔、培训教育和考核评价中，客户满意度也是华为从总裁到各级干部的重要考核指标之一，华为强调要将客户需求导向员工选拔培养的素质模型。

在华为核心价值观及文化传承方面，华为每时每刻都在做，在利益分享方面，华为对奋斗者从不吝啬。华为对员工薪酬激励基本假设是先有鸡才有蛋，也就是先帮助员工成长，先要为员工投入，给员工更多的精力与时间，这样最终企业才会收获“蛋”，对于企业而言，这是十分考验耐心的。

从激励冲锋的角度而言，不是简单用一套标准化的薪酬激励的方式就能达到目的，这需要根据不同职位、不同员工、不同人群用工特点去思考更好的激励模式。同时，华为将物质激励与非物质激励结合在一起，敢于给员工更多的回报，激发员工长期自我激励，实现知识型员工的可持续成长。

总之，华为人力资源战略更加聚焦针尖战略，以战略为导向，通过组织变革来实现人力资源的关键价值，实现业务能力的提高。面对未来，华为在人才储备方面指出，要胆子更大一点，步子更大一点，激发员工和团队实现冲锋，传承企业文化，保持队伍的持续奋斗。

拓展解析·

随着华为取得巨大成功，学习华为的企业大军汹涌而来，这种现象就像前几年学丰田、学阿米巴经营管理模式那样。学习华为方面包括从《华为公司基本法》到人力资源管理，尝试内部虚拟股份制改革，甚至某些几十人的小公司，也尝试轮值CEO制度。最终的结果是，许多没有发展起来的小公司倒在了朝圣的路上。

例如，有些公司为了学习《华为公司基本法》，也花重金请来咨询公司帮忙制定《基本法》，最终结果却是花钱办了没用的事。华为总裁任正非曾经说过，当《华为公司基本法》写成之时，也就是它作废之时。为什么这么说呢？因为华为在制定《基本法》的过程中，自上而下经过了无数次反复的讨论、磋商、修改，当全员意见统一之后，心往一处想，拧成了一股绳，此时基本法中的精髓已经烙印在了华为人的思想里。于是，《华为公司基本法》就正向任正非总裁所说的，书成之日，就是作废之时。

每个企业都要面对自己所属产业的竞争，这种竞争就如同逆水行舟，不进则退。没有任何企业可以一劳永逸，即便像诺基亚这样的世界级巨型企业，倒塌也只是在顷刻之间。因此，企业唯有坚持人力资源导向冲锋，保持队伍持续奋斗，才是保证企业长治久安的良策。

附录一《华为公司基本法》（节选）

第一章　公司的宗旨

一、核心价值观

（追求）

第一条　华为的追求是在电子信息领域实现顾客的梦想，并依靠点点滴滴、锲而不舍的艰苦追求，使我们成为世界级领先企业。

为了使华为成为世界一流的设备供应商，我们将永不进入信息服务业。通过无依赖的市场压力传递，使内部机制永远处于激活状态。

（员工）

第二条　认真负责和管理有效的员工是华为最大的财富。尊重知识、尊重个性、集体奋斗和不迁就有功的员工，是我们事业可持续成长的内在要求。

……

（精神）

第四条　爱祖国、爱人民、爱事业和爱生活是我们凝聚力的源泉。责任意识、创新精神、敬业精神与团结合作精神是我们企业文化的精髓。实事求是是我们行为的准则。

（利益）

第五条 华为主张在顾客、员工与合作者之间结成利益共同体。努力探索按生产要素分配的内部动力机制。我们决不让雷锋吃亏，奉献者定当得到合理的回报。

（文化）

第六条 资源是会枯竭的，唯有文化才会生生不息。一切工业产品都是人类智慧创造的。华为没有可以依存的自然资源，唯有在人的头脑中挖掘出大油田、大森林、大煤矿……精神是可以转化成物质的，物质文明有利于巩固精神文明。我们坚持以精神文明促进物质文明的方针。

这里的文化，不仅仅包含知识、技术、管理、情操……也包含了一切促进生产力发展的无形因素。

……

二、基本目标

……

（人力资本）

第九条 我们强调人力资本不断增值的目标优先于财务资本增值的目标。

……

（利润）

第十一条 我们将按照我们的事业可持续成长的要求，设立每个时期的合理的利润率和利润目标，而不单纯追求利润的最大化。

三、公司的成长

……

（成长的牵引）

第十三条 机会、人才、技术和产品是公司成长的主要牵引力。这四种力量之间存在着相互作用。机会牵引人才，人才牵引技术，技术牵引产品，产品牵引更多更大的机会。加大这四种力量的牵引力度，促进它们之间的良性循环，就会加快公司的成长。

（成长速度）

第十四条 我们追求在一定利润率水平上的成长的最大化。我们必须达到和保持高于行业平均的增长速度和行业中主要竞争对手的增长速度，以增强公司的活力，吸引最优秀的人才，和实现公司各种经营资源的最佳配置。在电子信息产业中，要么成为领先者，要么被淘汰，没有第三条路可走。

（成长管理）

第十五条 我们不单纯追求规模上的扩展，而是要使自己变得更优秀。因此，高层领导必须警惕长期高速增长有可能给公司组织造成的脆弱和隐藏的缺点，必须对成长进行有效的管理。在促进公司迅速成为一个大规模企业的同时，必须以更大的管理努力，促使公司更加灵活和更为有效。始终保持造势与做实的协调发展。

四、价值的分配

（价值创造）

第十六条 我们认为，劳动、知识、企业家和资本创造了公司的全部价值。

（知识资本化）

第十七条　我们是用转化为资本这种形式，使劳动、知识以及企业家的管理和风险的累积贡献得到体现和报偿；利用股权的安排，形成公司的中坚力量和保持对公司的有效控制，使公司可持续成长。知识资本化与适应技术和社会变化的有活力的产权制度，是我们不断探索的方向。

我们实行员工持股制度。一方面，普惠认同华为的模范员工，结成公司与员工的利益与命运共同体。另一方面，将不断地使最有责任心与才能的人进入公司的中坚层。

（价值分配形式）

第十八条　华为可分配的价值，主要为组织权力和经济利益；其分配形式是：机会、职权、工资、奖金、安全退休金、医疗保障、股权、红利，以及其他人事待遇。我们实行按劳分配与按资分配相结合的分配方式。

（价值分配原则）

第十九条　效率优先，兼顾公平，可持续发展，是我们价值分配的基本原则。

按劳分配的依据是：能力、责任、贡献和工作态度。按劳分配要充分拉开差距，分配曲线要保持连续和不出现拐点。股权分配的依据是：可持续性贡献、突出才能、品德和所承担的风险。股权分配要向核心层和中坚层倾斜，股权结构要保持动态合理性。按劳分配与按资分配的比例要适当，分配数量和分配比例的增减应以公司的可持续发展为原则。

（价值分配的合理性）

第二十条　我们遵循价值规律，坚持实事求是，在公司内部引入外部市场压力和公平竞争机制，建立公正客观的价值评价体系并不断改进，以使价值分配制度基本合理。衡量价值分配合理性的最终标准，是公司的竞争力和成就，以及全体员工的士气和对公司的归属意识。

第二章 基本经营政策

一、经营重心

（经营方向）

第二十一条 我们中短期经营方向集中在通信产品的技术与质量上，重点突破、系统领先，摆脱在低层次市场上角逐的被动局面，同时发展相关信息产品。公司优先选择资源共享的项目，产品或事业领域多元化紧紧围绕资源共享展开，不进行其他有诱惑力的项目，避免分散有限的力量及资金。

我们过去的成功说明，只有大市场才能孵化大企业。选择大市场仍然是我们今后产业选择的基本原则。但是，成功并不总是一位引导我们走向未来的可靠向导。我们要严格控制进入新的领域。

对规划外的小项目，我们鼓励员工的内部创业活动，并将拨出一定的资源，支持员工把出色的创意转化为顾客需要的产品。

……

（资源配置）

第二十三条 我们坚持“压强原则”，在成功关键因素和选定的战略生长点上，以超过主要竞争对手的强度配置资源，要么不做，要做，就极大地集中人力、物力和财力，实现重点突破。

在资源的分配上，应努力消除资源合理配置与有效利用的障碍。我们认识到对人、财、物这三种关键资源的分配，首先是对优秀人才的分配。我们的方针是使最优秀的人拥有充分的职权和必要的资源去实现分派给他们的任务。

……

二、**研究与开发**

……

（研究开发系统）

第二十七条 我们要建立互相平行、符合大公司战略的三大研究系统，即产品发展战略规划研究系统，产品研究开发系统，以及产品中间试验系统。随着公司的发展，我们还会在国内外具有人才和资源优势的地区，建立分支研究机构。

在相关的基础技术领域中，不断地按“窄频带、高振幅”的要求，培养一批基础技术尖子。在产品开发方面，培养一批跨领域的系统集成带头人。把基础技术研究作为研究开发人员循环流程的一个环节。

没有基础技术研究的深度，就没有系统集成的高水准；没有市场和系统集成的牵引，基础技术研究就会偏离正确的方向。

……

三、**市场营销**

……

（营销队伍建设）

第三十二条 我们重视培育一支高素质的、具有团队精神的销售工程师与营销管理者队伍，重视发现和培养战略营销管理人才和国际营销人才。

我们要以长远目标来建设营销队伍，以共同的事业、责任、荣誉来激励和驱动。

……

第三章 基本组织政策

一、基本原则

（组织建立的方针）

第三十九条 华为组织的建立和健全，必须：

1. 有利于强化责任，确保公司目标和战略的实现。

2. 有利于简化流程，快速响应顾客的需求和市场的变化。

3. 有利于提高协作的效率，降低管理成本。

4. 有利于信息的交流，促进创新和优秀人才的脱颖而出。

5. 有利于培养未来的领袖人才，使公司可持续成长。

（组织结构的建立原则）

第四十条 华为将始终是一个整体。这要求我们在任何涉及华为标识的合作形式中保持控制权。

战略决定结构是我们建立公司组织的基本原则。具有战略意义的关键业务和新事业生长点，应当在组织上有一个明确的负责单位，这些部门是公司组织的基本构成要素。

组织结构的演变不应当是一种自发的过程，其发展具有阶段性。组织结构在一定时期内的相对稳定，是稳定政策、稳定干部队伍和提高管理水平的条件，是提高效率和效果的保证。

（职务的设立原则）

第四十一条 管理职务设立的依据是对职能和业务流程的合理分工，并以实现组织目标所必须从事的一项经常性工作为基础。职务的范围应设计得足够大，以强化责任、减少协调和提高任职的挑战性与成就感。

设立职务的权限应集中。对设立职务的目的、工作范围、隶属关系、职责和职权，以及任职资格应做出明确规定。

(管理者的职责）

第四十二条 管理者的基本职责是依据公司的宗旨主动和负责地开展工作，使公司富有前途，工作富有成效，员工富有成就。管理者履行这三项基本职责的程度，决定了他的权威与合法性被下属接受的程度。

（组织的扩张）

第四十三条 组织的成长和经营的多元化必然要求向外扩张。组织的扩张要抓住机遇，而我们能否抓住机遇和组织能够扩张到什么程度，取决于公司的干部队伍素质和管理控制能力。当依靠组织的扩张不能有效地提高组织的效率和效果时，公司将放缓对外扩张的步伐，转而致力于组织管理能力的提高。

二、组织结构

（基本组织结构）

第四十四条 公司的基本组织结构将是一种二维结构：按战略性事业划分的事业部和按地区划分的地区公司。事业部在公司规定的经营范围内承担开发、生产、销售和用户服务的职责；地区公司在公司规定的区域市场内有效利用公司的资源开展经营。事业部和地区公司均为利润中心，承担实际利润责任。

……

（矩阵结构的演进）

第四十八条 当按职能专业化原则划分的部门与按对象专业化原则划分的部门交叉运作时，就在组织上形成了矩阵结构。

公司组织的矩阵结构，是一个不断适应战略和环境变化，从原有的平衡到不平衡，再到新的平衡的动态演进过程。不打破原有的平衡，就不能抓住机会，快速发展；不建立新的平衡，就会给公司组织运作造成长期的不确定性，削弱责任建立的基础。

为了在矩阵结构下维护统一指挥原则和责权对等原则，减少组织上的不确定性和提高组织的效率，我们必须在以下几方面加强管理的力度：

1. 建立有效的高层管理组织。

2. 实行充分授权，加强监督。

3. 加强计划的统一性和权威性。

4. 完善考核体系。

5. 培育团队精神。

（求助网络）

第四十九条 我们要在公司的纵向等级结构中适当地引入横向和逆向的网络动作方式，以激活整个组织，最大限度地利用和共享资源。我们既要确保正向直线职能系统制定和实施决策的政令畅通，又要对逆向和横向的求助系统做出及时灵活的响应，使最贴近顾客，最先觉察到变化和机会的高度负责的基层主管和员工，能够及时得到组织的支援，为组织目标做出与众不同的贡献。

（组织的层次）

第五十条 我们的基本方针是减少组织的层次，以提高组织的灵活性。减少组织层次一方面要减少部门的层次，另一方面要减少职位的层次。

三、高层管理组织

……

（决策制度）

第五十三条 我们遵循民主决策，权威管理的原则。

高层重大决策需经高层管理委员会充分讨论。决策的依据是公司的宗旨、目标和基本政策；决策的原则是，从贤不从众。真理往往掌握在少数人手里，要造成一种环境，让不同意见存在和发表。一经形成决议，就要实行权威管理。

高层委员会集体决策以及部门首长负责制下的办公会议制度，是实行高层民主决策的重要措施。我们的方针是，放开高层民主，使智慧充分发挥；强化基层执行，使责任落在实处。

各部门首长隶属于各个专业委员会，这些委员会议事而不管事，对形成的决议有监督权，以防止一长制中的片面性。各部门首长的日常管理决策，应遵循部门首长办公会确定的原则，对决策后果承担个人责任。各级首长办公会的讨论结果，以会议纪要的方式向上级呈报。报告上必须有三分之二以上的正式成员签名，报告中要特别注明讨论过程中的不同意见。

公司总裁有最后的决策权，在行使这项权力时，要充分听取意见。

（高层管理者行为准则）

第五十四条　高层管理者应当做到：

1. 保持强烈的进取精神和忧患意识。对公司的未来和重大经营决策承担个人风险。

2. 坚持公司利益高于部门利益和个人利益。

3. 倾听不同意见，团结一切可以团结的人。

4. 加强政治品格的训练与道德品质的修养，廉洁自律。

5. 不断学习。

第四章　基本人力资源政策

一、人力资源管理准则

（基本目的）

第五十五条 华为的可持续成长，从根本上靠的是组织建设和文化建设。因此，人力资源管理的基本目的，是建立一支宏大的高素质、高境界和高度团结的队伍，以及创造一种自我激励、自我约束和促进优秀人才脱颖而出的机制，为公司的快速成长和高效运作提供保障。

（基本准则）

第五十六条 华为全体员工无论职位高低，在人格上都是平等的。人力资源管理的基本准则是公正、公平和公开。

（公正）

第五十七条 共同的价值观是我们对员工做出公平评价的准则；对每个员工提出明确的挑战性目标与任务，是我们对员工的绩效改进做出公正评价的依据；员工在完成本职工作中表现出的能力和潜力，是比学历更重要的评价能力的公正标准。

（公平）

第五十八条 华为奉行效率优先，兼顾公平的原则。我们鼓励每个员工在真诚合作与责任承诺基础上，展开竞争；并为员工的发展，提供公平的机会与条件。每个员工应依靠自身的努力与才干，争取公司提供的机会；依靠工作和自学提高自身的素质与能力；依靠创造性地完成和改进本职工作满足自己的成就愿望。我们从根本上否定评价与价值分配上的短视、攀比与平均主义。

（公开）

第五十九条 我们认为遵循公开原则是保障人力资源管理的公正和公平的必要条件。公司重要政策与制度的制定，均要充分征求意见与协商。抑侥幸，明褒贬，提高制度执行上的透明度。我们从根本上否定无政府、无组织、无纪律的个人主义行为。

（人力资源管理体制）

第六十条　我们不搞终身雇佣制，但这不等于不能终身在华为工作。我们主张自由雇佣制，但不脱离中国的实际。

（内部劳动力市场）

第六十一条　我们通过建立内部劳动力市场，在人力资源管理中引入竞争和选择机制。通过内部劳动力市场和外部劳动力市场的置换，促进优秀人才的脱颖而出，实现人力资源的合理配置和激活沉淀层。并使人适合于职务，使职务适合于人。

（人力资源管理责任者）

第六十二条　人力资源管理不只是人力资源管理部门的工作，而且是全体管理者的职责。各部门管理者有责任记录、指导、支持、激励与合理评价下属人员的工作，负有帮助下属人员成长的责任。下属人员才干的发挥与对优秀人才的举荐，是决定管理者的升迁与人事待遇的重要因素。

二、员工的义务和权利

（员工的义务）

第六十三条　我们鼓励员工对公司目标与本职工作的主人翁意识与行为。

每个员工主要通过干好本职工作为公司目标做贡献。员工应努力扩大职务视野，深入领会公司目标对自己的要求，养成为他人做贡献的思维方式，提高协作水平与技巧。另一方面，员工应遵守职责间的制约关系，避免越俎代庖，有节制地暴露因职责不清所掩盖的管理漏洞与问题。

员工有义务实事求是地越级报告被掩盖的管理中的弊端与错误。允许员工在紧急情况下便宜行事，为公司把握机会，躲避风险，以及减轻灾情做贡献。但是，在这种情况下，越级报告者或便宜行事者，必须对自己的行为及其后果承担责任。

员工必须保守公司的秘密。

（员工的权利）

第六十四条 每个员工都拥有以下基本权利，即咨询权、建议权、申诉权与保留意见权。

员工在确保工作或业务顺利开展的前提下，有权利向上司提出咨询，上司有责任做出合理的解释与说明。

员工对改善经营与管理工作具有合理化建议权。

员工有权对认为不公正的处理，向直接上司的上司提出申诉。申诉必须实事求是，以书面形式提出，不得影响本职工作或干扰组织的正常运作。各级主管对下属员工的申诉，都必须尽早予以明确。

三、考核与评价

（基本假设）

第六十五条 华为员工考评体系的建立依据下述假设：

1. 华为绝大多数员工是愿意负责和愿意合作的，是高度自尊和有强烈成就欲望的。

2. 金无足赤，人无完人；优点突出的人往往缺点也很明显。

3. 工作态度和工作能力应当体现在工作绩效的改进上。

4. 失败铺就成功，但重犯同样的错误是不应该的。

5. 员工未能达到考评标准要求，也有管理者的责任。员工的成绩就是管理者的成绩。

（考评方式）

第六十六条 建立客观公正的价值评价体系是华为人力资源管理的长期任务。

员工和干部的考评，是按明确的目标和要求，对每个员工和干部的工作绩效、工作态度与工作能力的一种例行性的考核与评价。工作绩效的考评侧重在绩效的改进上，宜细不宜粗；工作态度和工作能力的考评侧重在长期表现上，宜粗不宜细。考评结果要建立记录，考评要素随公司不同时期的成长要求应有所侧重。

在各层上下级主管之间要建立定期述职制度。各级主管与下属之间都必须实现良好的,沟通，以加强相互的理解和信任。沟通将列入对各级主管的考评。

员工和干部的考评实行纵横交互的全方位考评。同时，被考评者有申诉的权利。

四、人力资源管理的主要规范

（招聘与录用）

第六十七条　华为依靠自己的宗旨和文化，成就与机会，以及政策和待遇，吸引和招揽天下一流人才。我们在招聘和录用中，注重人的素质、潜能、品格、学历和经验。按照双向选择的原则，在人才使用、培养与发展上，提供客观且对等的承诺。

我们将根据公司在不同时期的战略和目标，确定合理的人才结构。

（解聘与辞退）

第六十八条　我们利用内部劳动力市场的竞争与淘汰机制，建立例行的员工解聘和辞退程序。对违反公司纪律和因牟取私利而给公司造成严重损害的员工，根据有关制度强行辞退。

（报酬与待遇）

第六十九条　我们在报酬与待遇上，坚定不移向优秀员工倾斜。

工资分配实行基于能力主义的职能工资制；奖金的分配与部门和个人

的绩效改进挂钩；安全退休金等福利的分配，依据工作态度的考评结果；医疗保险按贡献大小，对高级管理和资深专业人员与一般员工实行差别待遇，高级管理和资深专业人员除享受医疗保险外，还享受医疗保健等健康待遇。

我们不会牺牲公司的长期利益去满足员工短期利益分配的最大化，但是公司保证在经济景气时期与事业发展良好阶段，员工的人均年收入高于区域行业相应的最高水平。

（自动降薪）

第七十条 公司在经济不景气时期，以及事业成长暂时受挫阶段，或根据事业发展需要，启用自动降薪制度，避免过度裁员与人才流失，确保公司渡过难关。

（晋升与降格）

第七十一条 每个员工通过努力工作，以及在工作中增长的才干，都可能获得职务或任职资格的晋升。与此相对应，保留职务上的公平竞争机制，坚决推行能上能下的干部制度。公司遵循人才成长规律，依据客观公正的考评结果，让最有责任心的明白人担负重要的责任。我们不拘泥于资历与级别，按公司组织目标与事业机会的要求，依据制度性甄别程序，对有突出才干和突出贡献者实施破格晋升。但是，我们提倡循序渐进。

（职务轮换与专长培养）

第七十二条 我们对中、高级主管实行职务轮换政策。没有周边工作经验的人，不能担任部门主管。没有基层工作经验的人，不能担任科以上干部。我们对基层主管、专业人员和操作人员实行岗位相对固定的政策，提倡爱一行，干一行；干一行，专一行。爱一行的基础是要通得过录用考试，已上岗的员工继续爱一行的条件是要经受岗位考核的筛选。

（人力资源开发与培训）

第七十三条 我们将持续的人力资源开发作为实现人力资源增值目标的重要条件。实行在职培训与脱产培训相结合，自我开发与教育开发相结合的开发形式。

为了评价人力资源开发的效果，要建立人力资源开发投入产出评价体系。

……

第六章 接班人与基本法修改

（继承与发展）

第一百条 华为经年积累的管理方法和经验是公司的宝贵财富，必须继承和发展，这是各级主管的责任。只有继承，才能发展；只有量变的积累，才会产生质变。承前启后，继往开来，是我们的事业兴旺发达的基础。

（对接班人的要求）

第一百零一条 进贤与尽力是领袖与模范的区别。只有进贤和不断培养接班人的人，才能成为领袖，成为公司各级职务的接班人。

高、中级干部任职资格的最重要一条，是能否举荐和培养出合格的接班人。不能培养接班人的领导，在下一轮任期时应该主动引退。仅仅使自己优秀是不够的，还必须使自己的接班人更优秀。

我们要制度化地防止第三代、第四代及以后的公司接班人腐化、自私和得过且过。当我们的高层领导人中有人利用职权谋取私利时，就说明我们公司的干部选拔制度和管理出现了严重问题，如果只是就事论事，而不从制度上寻找根源，那我们距离死亡就已经不远了。

（《基本法》的修订）

第一百零三条 每十年《基本法》进行一次修订。修订的过程贯彻从贤不从众的原则。

在管理者、技术骨干、业务骨干、基层干部中推选出10%的员工，进行修改的论证，拟出清晰的提案。

然后从这10%的员工中，再推选20%的员工，与董事会、执行委员会一同审议修改部分的提案。并将最终的提案公布，征求广大员工意见。

最后，由董事会、执行委员会、优秀员工组成三方等额的代表进行最终审批。

《华为公司基本法》是公司宏观管理的指导原则，是处理公司发展中重大关系的对立统一的度。其目的之一是培养领袖。高、中级干部必须认真学习《华为公司基本法》，领会其精神实质，掌握其思想方法。

附录二《致新员工书》

（★注：这篇《致新员工书》最早发表于1994年12月25日第11期《华为人》，多年来华为总裁任正非多次亲自修订更新数次。下面这篇是2014年12月19日任正非总裁对此文的再次修订。）

致新员工书：

您有幸加入了华为公司，我们也有幸获得了与您合作的机会。我们将在相互尊重、相互理解和共同信任的基础上，与您一起度过在公司工作的岁月。这种尊重、理解和信任是愉快地进行共同奋斗的桥梁与纽带。

华为公司共同的价值体系，就是要建立一个共同为世界、为社会、为祖国做出贡献的企业文化。这个文化是开放的、包容的，不断吸纳世界上好的优良文化和管理的。如果把这个文化封闭起来，以狭隘的自尊心，狭隘的自豪感为主导，排斥别的先进文化，那么华为一定会失败的。这个企业文化黏合全体员工团结合作，走群体奋斗的道路。有了这个平台，您的聪明才智方能很好发挥，并有所成就。没有责任心，缺乏自我批判精神，不善于合作，不能群体奋斗的人，等于丧失了在华为进步的机会，那样您会空耗了宝贵的光阴。

公司管理是一个矩阵系统，运作起来就是一个求助网。希望您成为这个大系统中一个开放的子系统，积极、有效地既求助于他人，同时又给予他人支援，这样您就能充分地利用公司资源，您就能借助别人提供的基础，吸取别人的经验，很快进入角色，很快进步。求助没有什么不光彩的，做不好事才不光彩，求助是参与群体奋斗的最好形式。

实践是您水平提高的基础，它充分地检验了您的不足，只有暴露出来，您才会有进步。实践再实践，尤其对青年学生十分重要。只有实践后善于用理论去归纳总结，才会有飞跃的提高。要摆正自己的位置，不怕做小角色，才有可能做大角。

我们呼唤英雄，不让雷锋吃亏，本身就是创造让各路英雄脱颖而出的条件。雷锋精神与英雄行为的核心本质就是奋斗和奉献。雷锋和英雄都不是超纯的人，也没有固定的标准，其标准是随时代变化的。在华为，一丝不苟地做好本职工作就是奉献，就是英雄行为，就是雷锋精神。

实践改造了，也造就了一代华为人。“您想做专家吗？一律从基层做起”，已经在公司深入人心。一切凭实际能力与责任心定位，对您个人的评价以及应得到的回报主要取决于您的贡献度。在华为，您给公司添上一块砖，公司给您提供走向成功的阶梯。希望您接受命运的挑战，不屈不挠地前进，您也许会碰得头破血流，但不经磨难，何以成才！在华为改变自己命运的方法，只有二个：一、努力奋斗；二、做出良好的贡献。

公司要求每一个员工，要热爱自己的祖国，热爱我们这个刚刚开始振兴的民族。只有背负着民族的希望，才能进行艰苦的搏击，而无怨无悔。我们总有一天，会在世界舞台上占据一席之地。但无论任何时候、无论任何地点都不要做对不起祖国、对不起民族的事情。不要做对不起家人、对不起同事、对不起您奋斗的事业的人。要模范遵守所在国家法规和社会公德，要严格遵守公司的各项制度与管理规范。对不合理的制度，只有修改以后才可以不遵守。任何人不能超越法律与制度，不贪污、不盗窃、不腐化。严于律己，帮助别人。

您有时会感到公司没有您想象得公平。真正绝对的公平是没有的，您不能对这方面期望太高。但在努力者面前，机会总是均等的，要承受得起做好事反受委屈。“烧不死的鸟就是凤凰”，这是华为人对待委屈和挫折的态度和挑选干部的准则。没有一定的承受能力，今后如何能做大梁？其实一个人的命运，就掌握在自己手上。生活的评价，是会有误差的，但决不至于黑白颠倒，差之千里。要深信，是太阳总会升起，哪怕暂时还在地平线下。您有可能不理解公司而暂时离开，我们欢迎您回来。

世上有许多“欲速则不达”的案例，希望您丢掉速成的幻想，学习日本人踏踏实实、德国人一丝不苟的敬业精神。现实生活中能把某一项业务精通是十分难的，您不必面面俱到的去努力，那样更难。干一行，爱一行，行行出状元。您想提高效益、待遇，只有把精力集中在一个有限的工作面上，不然就很难熟能生巧。您什么都想会、什么都想做，就意味着什么都不精通，做任何一件事对您都是一个学习和提高的机会，都不是多余的，努力钻进去兴趣自然在。我们要造就一批业精于勤、行成于思，有真正动手能力和管理能力的干部。机遇偏爱踏踏实实的工作者。

公司永远不会提拔一个没有基层经验的人做高层管理者。遵循循序渐进的原则，每一个环节对您的人生都有巨大的意义，您要十分认真地去对待现在手中的任何一件工作，十分认真地走好职业生涯的每一个台阶。您要尊重您的直接领导，尽管您也有能力，甚至更强，否则将来您的部下也不会尊重您。长江后浪总在推前浪。要有系统、有分析地提出您的建议，您是一个有文化者，草率的提议，对您是不负责任，也浪费了别人的时间。特别是新来者，不要下车伊始，动不动就哇啦哇啦。要深入、透彻地分析，找出一个环节的问题，找到解决的办法，踏踏实实地一点一点地去做，不要哗众取宠。

为帮助员工不断超越自我，公司建立了各种培训中心，培训很重要，它是贯彻公司战略意图、推动管理进步和培训干部的重要手段，是华为公司通向未来、通向明天的重要阶梯。您要充分利用这个“大平台”，努力学习先进的科学技术、管理技能、科学的思维方法和工作方法，培训也是您走向成功的阶梯。当然您想获得培训，并不是没有条件的。

物质资源终会枯竭，唯有文化才能生生不息。一个高新技术企业，不能没有文化，只有文化才能支撑它持续发展，华为的文化就是奋斗文化，它的所有文化的内涵，都来自世界的、来自各民族的、伙伴的……甚至竞争对手的先进合理的部分。若说华为有没有自己的核心文化，那就剩下奋斗与牺牲精神算我们自己的吧！其实奋斗与牺牲也是从别人那里抄来的。有人问我，您形象地描述一下华为文化是什么。我也不能形象地描述什么叫华为文化，我看了《可可西里》的电影，以及残疾人表演的《千手观音》后，我想他们的精神就叫华为文化吧！对于一个新员工来说，要融入华为文化需要一个艰苦过程，每一位员工都要积极主动、脚踏实地地在做实的过程中不断去领悟华为文化的核心价值，从而认同直至消化接纳华为的价值观，使自己成为一个既认同华为文化，又能创造价值的华为人；只有每一批新员工都能尽早地接纳和弘扬华为的文化，才能使华为文化生生不息。

华为文化的特征就是服务文化，谁为谁服务的问题一定要解决。服务的含义是很广的，总的是为用户服务，但具体来讲，下一道工序就是用户，就是您的“上帝”。您必须认真地对待每一道工序和每一个用户。任何时间，任何地点，华为都意味着高品质。希望您时刻牢记。

华为多年来铸就的成就只有两个字——诚信，诚信是生存之本、发展之源，诚信文化是公司最重要的无形资产。诚信也是每一个员工最宝贵的财富。

业余时间可安排一些休闲，但还是要有计划地读些书，不要搞不正当的娱乐活动，为了您成为一个高尚的人，望您自律。

我们不赞成您去指点江山，激扬文字。目前，在中国共产党领导下，国家政治稳定、经济繁荣，这就为企业的发展提供了良好的社会环境，我们要十分珍惜。21世纪是历史给予中华民族一次难得的振兴机会，机不可失，时不再来。“21世纪究竟属于谁？”这个问题的实质是国力的较量，国家间的竞争归根到底是在大企业和大企业之间进行。国家综合国力的增强需要无数大企业组成的产业群去支撑。一个企业要长期保持在国际竞争中的优势，唯一的办法便是拥有自己的竞争力。如何提高企业的竞争力，文章就等您来做了。

希望您加速磨炼，茁壮成长，我们将一起去托起明天的太阳。

任正非

2014年12月19日

后　记

2015年终，华为轮值 CEO 郭平表示，2015年华为预期实现销售收入3900亿人民币左右，并表示华为将开始5～10年的改革，实现大平台支持精兵作战的战略，逐步将管理权与指挥权分离。由此可以看出，华为正在加快企业全球化变革的步伐。

华为在人力资源管理方面的成功在国内开了无数先河，例如公司员工全员持股、公司创始人持股比例只有1.4%左右、用制度管理代替人的管理、轮值CEO制度，等等。目前，许多国内民营企业都在学习华为的人力资源管理模式，也由此产生了关于华为成功模式是否能够复制的争论。

华为人力资源管理体系并非一天打造而成的，其成功也具有一定的特殊性、不可复制性。电影《亮剑》中主角李云龙有这样一句台词，可以说是华为一路风雨走来的真实写照："事实证明，一支具有优良传统的部队，往往具有培养英雄的土壤。英雄或是优秀军人的出现，往往是由集体形式出现，而不是由个体形式出现。理由很简单，他们受到同样传统的影响。养成了同样的性格与气质。任何一支部队都有着它自己的传统。传统是什么？传统是一种性格、是一种气质！这种传统与性格，是由这种部队组建时首任军事首长的性格与气质决定的。他给这支部队注入了灵魂。从此不管岁月流逝，人员更迭，这支部队灵魂永在。”

微软只有一个比尔·盖茨，苹果只有一个乔布斯，同样，华为只有一个任正非。对于国内民营企业而言，怎样找到一条适合自己的发展道路、制定出合理的企业战略目标，并以此为导向建立具有自身特色的人力资源管理体系才是正确的出路。华为的魂是任正非倾尽一生之力注入的，这点不可复制。但华为的成功经验却可以借鉴，华为在走向成功的道路上，也是在不断借鉴西方先进的管理经验，融入自身管理体系之中，才形成了华为独特的人力资源管理体系。

最近，华为总裁任正非提出了“和平崛起”的观点，如何来实现和平崛起呢？通俗来说就是，当华为拥有了全球人才的时候，谁还是竞争对手呢？

本书最后，留给读者和企业人力资源管理者四个问题：

首先，你企业的人力资源是以战略为导向吗？

其次，你企业的人力资源是否能够有效支持企业业务的变革？

再次，你企业的人力资源管理够大胆灵活吗？

最后，你企业的人力资源是约束系统还是激励系统，企业员工是以冲锋为导向吗？

· 黄志伟 ·

商业畅销书作家，擅长人力资源管理及电商运营，多年来致力于知名企业内部机制的研究，并把知名企业的核心工作法学以致用到企业管理工作中。遵从“以人为本”的原则，他从知名企业领导人身上汲取管理智慧，帮助众多企业培训出了高质量的管理人才，提升了企业的整体实力和竞争力。

华为人力资源管理

责任编辑：蒋丽华　　　　见习编辑：薛　芳
装帧设计：润和佳艺　　　　策　　划：花　火

微信公众号：阅读醉时光　　投稿邮箱：zhushibook@163.com